Horst Bielfeld

Beliebte
Prachtfinken

4. Auflage
52 Farbfotos
35 Zeichnungen

Inhalt

Vorwort

Prachtfinken sind auffällige kleine Vögel, bei deren Anblick wir schon staunen. Ihre Farbschönheit und Grazie der Bewegungen lässt uns die Vögel bewundern. Ihr friedliches Wesen und ihr Zusammenhaltsgefühl berühren uns. Sie leben paarweise und halten zeitlebens treu zusammen, schmiegen sich eng aneinander und kraulen sich gegenseitig. Alles wird gemeinsam unternommen.

Sicher sind es ihre außergewöhnlichen Eigenschaften, die in uns den Wunsch wecken, diese Vogelknirpse näher kennen zu lernen, sie zu pflegen. Wir müssen aber ein Typ Mensch sein, der gern beobachtet und Freude am Geschehen hat, an dem er nicht beteiligt, nicht Mittelpunkt ist. Sonst wäre ein Papagei, ein Nymphen- oder Wellensittich als zahmer, auf uns geprägter Vogel richtiger.

Dieses Taschenbuch habe ich geschrieben, um den Prachtfinken neue Liebhaber zu gewinnen. Wenn Sie sich zu diesen Vögeln hingezogen fühlen und es mit ihnen versuchen möchten, soll dieses Buch Ihnen helfen, die für Sie richtigen Arten auszuwählen. Fünfzig Arten, die am beliebtesten und am leichtesten zu halten sind, werden vorgestellt. Das Buch soll Ihnen Ratgeber in allen Fragen der Haltung, Ernährung und Krankheitsvorsorge sein. Wenn Prachtfinken sich wohl fühlen, möchten sie auch brüten und Junge aufziehen. Dies mitzuerleben ist vielleicht auch ein Wunsch von Ihnen. Die notwendigen Anleitungen zum Gelingen der Zucht sind in diesem Buch enthalten.

Nachdem dieses Buch seit 1988 erfolgreich war und sich auch auf diesem Gebiet einige Änderungen ergeben haben, freue ich mich, Ihnen die aktualisierte Neuauflage an die Hand geben zu dürfen. Dank dem Lektoratsteam des Ulmer-Verlags, das mir bei der Entstehung mit Rat und Tat zur Seite stand. Der Zeichnerin Frau Karin Aichele gilt mein Dank für die Darstellung der Verhaltensweisen der Prachtfinken und der anderen erläuternden Illustrationen.

Jameln, im Herbst 2008,
Horst Bielfeld

Prachtfinken in der Natur

Die Prachtfinken leben in Afrika, im südlichen Asien, in Australien und auf den Inseln des westlichen Pazifiks. Es sind insgesamt rund 31 Arten. Dabei sind in Afrika überwiegend die dünnschnäbligen Arten beheimatet, in Asien und Australien die dickschnäbligen. Diese verschiedenen Schnabelformen lassen schon auf eine etwas unterschiedliche Ernährungsweise der beiden Prachtfinkengruppen schließen. Die dünnschnäbligen Afrikaner nehmen mehr kleine Insekten zu sich und auch sehr kleinkörnige Sämereien. Dagegen ernähren sich die dickschnäbligen Australier und Asiaten von gröberen Sämereien, hin bis zur Reis- und Getreidekorngröße. Viele von ihnen ziehen sogar ausschließlich mit Samen und mit Grünem ihre Jungen groß. Andere Arten nehmen dafür doch lieber tierische Nahrung, zum Beispiel Termiten, die zur Zeit der Jungenaufzucht im Norden Australiens gerade schwärmen und sich somit als eiweißreiches Futter in großen Mengen anbieten. Viele afrikanische Prachtfinken leben in lichtem Wald, auf Lichtungen, in den dichten Gebüschen entlang der Flussufer und Wege, in Gärten und Plantagen. Das gilt natürlich auch für einige der asiatischen und australischen Arten. Die meisten von ihnen sind allerdings im weiten Grasland und in riesigen Schilfbeständen zu finden, in denen sie auch ihre Nester bauen und die Jungen aufziehen. Diese Arten werden denn auch Schilffinken und Grasfinken genannt. Aber auch die Nonnen und Bronzemännchen sowie der Muskatfink gehören zu diesen Gras-, Schilf- und Reisfelder bewohnenden Arten. Auch in Afrika gibt es Prachtfinken, die es vorziehen, in den Savannen und Papyruswäldern ihr Nest zwischen die Halme zu flechten, doch bauen die meisten in dichtes Gebüsch.

Alle Prachtfinken bauen kugel- oder birnenförmige Nester. Sie sind also

Schmetterlingsfink mit einem einzelnen langen Halm als Nistmaterial.

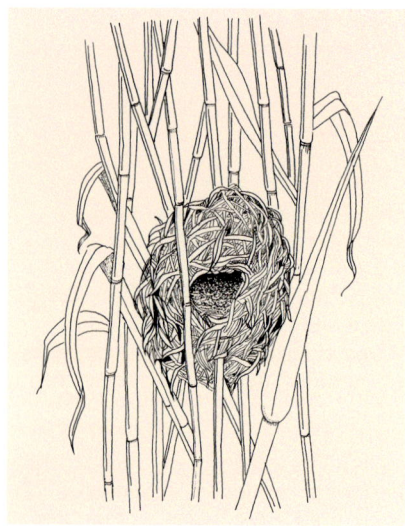

Nest eines Schilffinken oder einer Nonne, die gerne zwischen Schilfhalme bauen.

Weibchen sitzt dabei aber länger auf dem Gelege, da es auch nachts brütet. Manche Männchen übernehmen dafür am Tage längere Brutperioden. Andere Männchen beteiligen sich allerdings kaum am Brüten. Durchschnittlich beträgt die Brutdauer 14 Tage, bei vielen Störungen kann sie auch 16–17 Tage betragen. Da das Nest meistens sehr gut versteckt wird und die brütenden Vögel sehr fest sitzen, kommt es nur selten zu Brutunterbrechungen.

Die zuerst ganz nackten oder oberseits nur mit wenigen Dunen bedeckten Jungen werden während der ersten 7–10 Tage ständig von einem Elternteil gewärmt. Dabei werden sie auch gefüttert und zwar mit Nahrung, die der Altvogel aus dem Kropf hochwürgt. Mit dem Sprießen der Federn werden die Jungen für immer längere Zeiträume alleine im Nest gelassen. Beide Eltern begeben sich dann gemeinsam auf Nahrungssuche, da die heranwachsenden Jungen immer mehr Futter benötigen. Manche von ihnen sind bereits mit 18–20 Tagen flügge, die meisten mit 22 Tagen, während die Jungen einiger Arten sogar 24–26 Tage im Nest bleiben. Danach fliegen sie mit den Eltern auf Nahrungssuche und werden dabei innerhalb 2–3 Wochen selbstständig. Sie lernen ihre Nahrung kennen und auch, vor welchen Feinden sie sich vorzusehen haben.

Vor Gefahren warnen die meisten Prachtfinken mit einem harten Laut. Einige Arten haben sogar zwei Warnrufe, einen, um auf Bodenfeinde aufmerksam zu machen, den anderen für Feinde aus der Luft. Außerdem verfü-

überdacht und haben einen oft sehr engen seitlichen Einschlupf. Von manchen Arten wird dieser zu einer Einschlupfröhre verlängert. Als Nistmaterial werden trockene und frische Grashalme, Pflanzenfasern, Blätter, Zweigstückchen und Ranken verwendet. Viele Prachtfinkenarten polstern ihr Nest aus, wofür sie Federchen, Tier- und Pflanzenhaare und -wolle sowie Moose und Flechten nehmen.

Die meisten Prachtfinken verstecken ihr Nest in dichtem Gebüsch in 1–4 m Höhe, wenige noch höher auf Bäumen. Aber auch zwischen Gräsern nahe dem Boden oder direkt auf dem Boden sind die Nester mancher Prachtfinken zu finden.

Prachtfinkengelege bestehen zumeist aus 4 bis 6 weißen Eiern. Beide Eltern lösen sich bei der Brut ab. Das

Die Jungen jeder Prachtfinkenart haben eine ganz bestimmte Rachenzeichnung, an der die Eltern sie erkennen. Hier junge Gouldamadinen, 9 Tage alt.

gen Prachtfinken über Lock- und Stimmfühlungsrufe. Beschwichtigungslaute und Nestlockrufe dienen bei vielen der Paarzusammenführung. Dabei haben bei einigen Arten Männchen und Weibchen unterschiedliche Rufe. Schließlich ist da noch der Gesang. Er wird bei allen Arten vom Männchen beherrscht, bei wenigen Arten auch vom Weibchen. Da er nicht der Revierabgrenzung und als Warnung für andere Männchen der gleichen Art dient, ist er meistens recht leise und eher plaudernd. Er dient dem Paarzusammenhalt und dem Weibchen als Stimulans für die Brut. Gesungen wird aber auch im Schwarm, wenn dieser eine gemeinsame Ruhe- oder Sozialstunde einlegt. Für diesen „ungerichteten" Gesang, wie er genannt wird, gibt es immer interessierte Zuhörer. So lauschen besonders junge Männchen der Gouldamadine und des Muskatfinken andächtig, wenn erwachsene Männchen

singen. Das geht so weit, dass sie dicht an den Sänger heranrücken, ihm den Kopf entgegenrecken und konzentriert die Augen schließen. Sie scheinen vom Gesang wie verzaubert zu sein und lassen sich vom Zuhören nicht ablenken. Sicher wollen sie lernen, doch kann das allein nicht der Grund sein, denn auch Weibchen, die selbst nicht singen können, horchen gern zu.

Nur bei wenigen Prachtfinken kann der Gesang nach unserem Empfinden als ausgesprochen schön bezeichnet werden. Es gibt die guten Sänger, doch in der Regel kann Prachtfinkengesang als fröhliches oder lustiges Zwitschern, Zirpen, Flöten und Klingeln bezeichnet werden, bei dem mehr oder weniger auch quäkende und schleifende Laute eingeflochten sind.

Der Gesang und die Rufe dienen den Vögeln einer Art als Erkennungszeichen und dem Zusammenhalt des

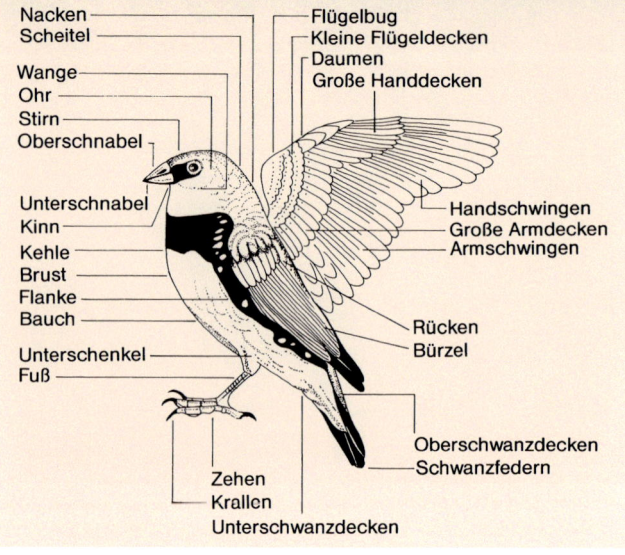

Die einzelnen Partien des Körpers bzw. des Federkleides bei einem Prachtfinken.

Nacken
Scheitel
Wange
Ohr
Stirn
Oberschnabel
Unterschnabel
Kinn
Kehle
Brust
Flanke
Bauch
Unterschenkel
Fuß

Flügelbug
Kleine Flügeldecken
Daumen
Große Handdecken
Handschwingen
Große Armdecken
Armschwingen
Rücken
Bürzel
Oberschwanzdecken
Schwanzfedern

Zehen
Krallen
Unterschwanzdecken

Paares oder Schwarms. Nun haben einige nahe verwandte Vögel, die Witwen, den Gesang und die Rufe bestimmter afrikanischer Prachtfinken angenommen. Sie haben sich auch in einer anderen Weise diesen Prachtfinken angepasst: Ihre Nestlinge sehen denen der Prachtfinken zum Verwechseln ähnlich. Das Ganze hat einen Grund, nämlich den, dass sie ihre Eier in die Prachtfinkennester legen und die Jungen von diesen aufziehen lassen. Es wird in jedes Nest ihrer Brutwirte nur ein Ei gelegt. Zusammen mit der jungen Witwe können die Prachtfinken ihre eigenen Jungen großziehen, denn sie werden vom Stiefgeschwister nicht aus dem Nest gedrängt, wie das vom jungen Kuckuck her bekannt ist.

Die Paradieswitwen mit ihren bis zu 35 cm langen Schwänzen legen ihre Eier in die Nester von Bunt-, Wiener-, Aurora- und Rotmaskenastrild. Die ebenfalls langschwänzigen Stroh- und Königswitwen haben es auf Veilchen-

und Granatastrilde abgesehen. Während Dominikanerwitwen ihre Eier in die Nester der Grau- und Wellenastrilde legen, müssen Elfen- und Feenastrilde junge Glanzwitwen großziehen. Die verschiedenen Amarantenarten sind die Brutwirte der kurzschwänzigen Atlaswitwen.

Die meisten Prachtfinken werden in freier Natur kaum älter als zwei Jahre. Sie haben zu viele Feinde wie Greife, Säuger, Echsen und Schlangen, wovon letztere vor allem Eier und Jungvögel aus den Nestern rauben. Räuberische Ameisen fallen viele Bruten an.

Auch Parasiten wie Milben, Würmern, Kokzidien, Bakterien und vielen anderen fallen viele Prachtfinken zum Opfer. Dagegen werden diese Vögel in unserer Pflege meistens sechs oder gar acht Jahre alt. Wenige bringen es sogar auf zehn, zwölf oder 14 Jahre.

Einige Fragen zuvor

Sind Prachtfinken die richtigen Heimtiere für mich?

Wenn Sie sich dazu entschließen, ein Pärchen Prachtfinken zu kaufen, dann müssen Sie wissen, dass diese Vögel zwar zutraulich werden können, dass sie aber (fast) nie handzahm werden, wie wir das vom Wellensittich und, nicht selten, auch vom Kanarienvogel her gewohnt sind. Es kommt nicht zu dieser regelrechten Anhänglichkeit uns Menschen gegenüber, weil die Prachtfinken ihren arteigenen Partner haben, der ihnen genügt.

Bei Prachtfinken werden Sie also kein Partner, sondern Zuschauer und Beobachter sein. Ihre Freude finden Sie, wenn Sie sehen, wie die Vögel miteinander umgehen, wie das Paar zusammenhält, wie es ein Nest baut, balzt und Junge aufzieht. Sie werden reich dafür entschädigt, dass Sie nicht einen einzelnen Vogel als zahmen Hausgenossen halten. Er wäre dann auf Sie geprägt und von Ihnen abhängig. Das sind zwei oder mehr Prachtfinken nicht. Sie sind mit sich selbst beschäftigt und glücklich, wenn sie viel Platz, also einen geräumigen Käfig oder eine Voliere haben. Ihnen sollten Sie ihr Vogelheim so natürlich wie möglich einrichten. Dann fühlen sie

In meiner Zimmervoliere haben die Prachtfinken sehr viel Bewegungsfreiheit.

sich wohl und werden Sie an ihrem Leben als Zuschauer teilhaben lassen.

Mit einem Pärchen Prachtfinken haben Sie keine Sorgen, wenn Sie sie tagsüber regelmäßig alleine lassen oder auch für ein langes Wochenende verreisen. Solange die Vögel genügend Futter und Wasser haben und einen sauberen Käfig, fehlt ihnen nichts. Prachtfinken können also die richtigen Vögel sein, wenn Sie berufstätig sind, aber auch, wenn Sie viel zu Hause sind. Die Vögel lenken Sie nicht ab, weil sie sich nicht aufdrängen, wie das manche zahmen Wellensittiche und Papageien tun. Ein Pärchen robuster „Anfängervögel", etwa Zebrafinken, kann schon etwas für ein etwa zehnjähriges Kind sein, das Interesse am Beobachten hat. Dadurch lernt es,

Verhaltensweisen der Vögel zu erkennen und bekommt mehr Verständnis für seine Vögel, aber auch für die Tiere draußen und für die Natur insgesamt. Dies gilt natürlich auch für Sie als Erwachsener, wenn Sie noch wenig Kontakt zur Natur und zu Tieren hatten. Ein Pärchen Prachtfinken bringt Sie da weiter, als etwa ein einzeln gehaltener Wellensittich oder Papagei, da diese auf den Menschen bezogen und damit in ihrem Verhalten mehr oder weniger verfälscht sind.

Welche Voraussetzungen brauchen die Vögel?

Prachtfinken sind am besten in einem großen Käfig oder in einer Voliere im Zimmer untergebracht. Normale Raumtemperatur von 18–22 °C ist für die meisten Arten ideal. Sie lieben einen hellen, teilweise sonnigen Standort. Wenn sie auch aus den Tropen stammen, sollte ihr Käfig nie total dem direkten Sonnenlicht ausgesetzt sein. Auch in der Natur suchen sie den Schatten der Bäume, wenn die Sonne herabbrennt und es sehr heiß ist. Ein Teil ihres Käfigs sollte also stets im Schatten stehen. Wo die Vögel nur an verhältnismäßig dunklem Standort gehalten werden können, empfiehlt sich eine Beleuchtung für den Käfig oder die Voliere. Am besten eignen sich die True-Lite-Röhren oder die Osram-Lumilux 11 = Tageslicht. Diese Leuchtstoffröhren geben ein Licht ab, das dem Tageslicht sehr ähnlich ist und den Vögeln gut tut. Das Provitamin D, das sie mit der Nahrung aufnehmen, wird durch den UV-Anteil im Licht dieser Röhren in Vitamin D umgewandelt.

Schützen Sie die Prachtfinken vor Zugluft. Diese könnte für Krankheit und Tod Ihrer Pfleglinge verantwortlich sein. Ein Standort des Käfigs in der Küche verbietet sich, denn durch das Kochen gibt es doch erhebliche Schwankungen in der Temperatur und in der Luftfeuchtigkeit. Diese sollte möglichst gleich bleibend bei ca. 50–60-% liegen. Dann werden die Vögel keine Mauserprobleme bekommen.

Eine weitere Voraussetzung für die Haltung von Prachtfinken in der Wohnung ist, dass nicht geraucht wird. Zumindest in dem Zimmer mit den Vögeln sollte die Luft rein bleiben. Wo viel geraucht wird, haben Prachtfinken bald ein schlechtes Gefieder, kommen schwer durch die Mauser und fühlen sich nicht wohl. Heute gibt es für die Vogelhalter Ionisatoren, die für hervorragend saubere Raumluft sorgen und auch den Tabakrauch beseitigen, doch sollten Sie dennoch auf das Rauchen in der Nähe der Vögel verzichten.

Wenn Sie noch andere Heimtiere haben, speziell Hund oder Katze, dann sollten Sie für einen Käfigstandort sorgen, der für diese Tiere unerreichbar ist. Hund und Katze gewöhnen sich an die neuen Mitbewohner und lassen sie auch zufrieden, doch kommt es manchmal in einem unbewachten Augenblick vor, dass die Katze versucht, einen der Vögel zu erbeuten. Das kann zu Tod oder Verletzungen führen und wenn es nur durch das ängstliche Hin- und Herflattern im Käfig ist.

Wenn Sie den Vögeln Freiflug im Zimmer gewähren, sollten Sie giftige oder unverträgliche Pflanzen darin nicht stehen haben. Die nebenstehende Tabelle gibt Ihnen Auskunft darüber, welche Pflanzen für Ihre Pfleglinge gefährlich werden könnten.

Was muss ich beim Kauf beachten?

Prachtfinken können Sie in mehr oder weniger großer Auswahl im Zoofachhandel kaufen. Die andere Möglichkeit ist, sich Vögel bei einem Züchter auszusuchen. Haben Sie hier oder dort Prachtfinken gefunden, die Sie interessieren, dann sollten Sie sich viel Zeit mitnehmen, um die Vögel zu beobachten. Sie wollen ja gesunde, lebhafte Vögel erstehen, möglichst auch Pärchen, die sich schon zusammengefunden haben. Da Sie meistens aus einer größeren Anzahl von Vögeln auszuwählen haben, ist es nicht leicht, eine Entscheidung zu treffen. Lassen Sie sich also Zeit, um die Vögel unterscheiden zu können, die in einem Flugkäfig oder in einer Voliere durcheinander hüpfen und fliegen. Oft ist das gar nicht so leicht, sehen die Vögel einer Art doch alle gleich aus. Bei Züchtern tragen die Vögel aus diesem Grund außer einem „amtlichen" Metallring am anderen Fuß einen farbigen Plastikring. Jeder Züchter mit einem größeren Vogelbestand braucht solche Hilfsmittel, um die Vögel unterscheiden zu können, ohne gleich die Ringnummer vom Metallring ablesen zu müssen. Diese Kennzeichnung können Sie nutzen und sich die Vögel anhand der Ringfarbe merken, die für einen Kauf in Frage kommen.

Beobachten Sie die Vögel zuerst aus einiger Entfernung. Dann werden die Vögel ihr natürliches Verhalten nicht verändern. Treten Sie nämlich gleich dicht an den Käfig, dann werden die Vögel aufmerksam oder ängstlich sein, auch kranke. Sie sehen dann (für kurze Zeit wenigstens) genauso schlank und lebhaft aus, wie ihre gesunden Artgenossen. Aus der Entfernung erkennen Sie kranke oder apathische Vögel meistens sogleich, denn sie sitzen aufgeplustert herum, stecken den Kopf ins Rückengefieder und möchten schlafen. Vitale Prachtfinken sind dagegen lebhaft, flink in den Bewegungen und temperamentvoll.

Wenn Sie nun dichter an den Käfig herangetreten sind und eine Weile abgewartet haben, werden Sie auch den Unterschied zwischen einem gesunden und einem kranken Vogel erkennen. Der gesunde Vogel bleibt schlank, zeigt ein glattes, gepflegtes Gefieder und hat blanke Augen. Mag sein, dass ein gesunder Vogel etwas Scheu zeigt, doch das ist verständlich, hat er vielleicht noch kaum Umgang mit Menschen gehabt.

Der kranke Prachtfink sitzt aufgeplustert herum. Das Gefieder ist stumpf und oft verschmutzt, vor allem um die Kloake herum. Flügel und Schwanz lässt er meistens etwas hängen. Wird der Schwanz mit jedem Atemzug angehoben, um dann wieder herabzusinken, dann deutet das auf Schwäche oder gar auf eine Erkrankung der Atemwege hin. Die Augen sind nicht glänzend, sondern stumpf und oft halb geschlossen, manchmal

Garten- und Zimmerpflanzen, die für Prachtfinken gefährlich sein können

Acker-Gauchheil
Ackerwinde
Adonisröschen
Akazien
Alpenrebe
Anemonen
Arnika
Aronstab

Betäubender Kälberkopf
Blasenstrauch
Blaustern
Buchsbaum
Bunte Kronwicke

Calla
Christrosen
Christusdorn

Diefenbachia
Dipladenia
Diptam

Edelweiß
Efeu
Eibe
Eisenhut
Euphorbiaceae

Faulbaum
Feuerdorn
Fingerhut

Gefleckter Schierling
Gemeines Bilsenkraut
Goldregen
Gottesgnadenkraut

Hahnenfußgewächse
Hartriegel
Heckenkische

Herbstzeitlose
Hundspetersilie
Hyazinthen

Jelängerjelieber

Kaiserkrone
Kirschlorbeer
Knollen-Hahnenfuß
Korallenbeere
Kornrade
Kreuzdorn
Küchenschelle

Leberblümchen
Liguster

Mahonie
Maiglöckchen
Märzenbecher
Mauerpfeffer
Mistel

Nachtschattengewächse
Narzissen
Nelken
Nieswurz

Oleander

Pfaffenhütchen
Pferdesaat
Porzellanblume
Primeln

Rittersporn
Robinie
Röhrige Rebendolde
Rostblättrige Alpenrose

Sadebaum

Salomonssiegel
Sauerklee
Scharfer Hahnenfuß
Schlafmohn
Schneeball (die Beeren
  werden von Vögeln
  vertragen)
Schneebeere (Vögel
  mögen die Beeren
  gern)
Schwalbenwurz
Seidelbast
Spindelbaum
Stechapfel
Stechpalme
Steinklee
Stiefmütterchen (Samen
  sind von manchen
  Vögeln begehrt)
Sumpf-Schlangenwurz

Tollkirsche
Trollblume

Veilchen
Vierblättrige Himbeere

Wacholder
Waldgeißblatt
Waldrebe
Wasserschierling
Weihnachtsstern
Weinraute
Weißer Germer
Weißwurz
Wolfsmilchgewächse
Wolliger Hahnenfuß

Zaunrübe
Zwergmispel

sogar verklebt. Ein kranker Vogel scheint oft emsig zu fressen. Doch der Schein trügt, denn er stochert nur hungrig im Körnerfutter herum, dreht die Körner auch im Schnabel hin und her, doch schafft er es meistens nicht, sie zu entspelzen. Oft ist solch ein Prachtfink darm- oder leberkrank und schon sehr geschwächt. Dass er nicht davonfliegt, wenn man in den Käfig hineingreift, sondern sich ohne weiteres in die Hand nehmen lässt, zeugt nicht von großer Zahmheit, sondern von seiner Apathie. So ein Vogel ist oft federleicht, weil abgemagert. Sein Brustbein steht scharf hervor.

Jetzt sind Sie schon bei der dritten Stufe der Auswahl Ihrer künftigen Pfleglinge. Lassen Sie sich jeden Vogel, den Sie zu kaufen beabsichtigen, vom Verkäufer oder Züchter zeigen, bevor er in den Transport-Pappkarton gesteckt wird. Ist er nicht blind auf einem Auge? Hat er alle Zehen und Krallen? Keine kahlen Stellen? Ist die Kloakenumgebung tatsächlich sauber? Wenn er gerade wässerige Ausscheidungen hat, während er in der Hand gehalten wird, so ist das auf seine momentane Aufregung zurückzuführen und nicht bedenklich. In Kürze hat er wieder normal festen Kot. Lassen Sie sich durch den Züchter oder Verkäufer auch noch das Bauchgefieder auseinanderpusten. Dann sehen Sie, ob der Bauch nicht geschwollen oder rot ist. Ist der Vogel in allem normal, dann können Sie ihn beruhigt mit nach

Hause nehmen, dazu mindestens noch einen Artgenossen, denn Prachtfinken wollen nicht alleine sein.

Für die neuen Pfleglinge haben Sie einen geräumigen Käfig oder eine Zimmervoliere hoffentlich schon eingerichtet. Was sie für eine schnelle und gute Eingewöhnung brauchen, ist erst einmal Ruhe. Doch darüber erfahren Sie mehr im nächsten Kapitel.

Die Eingewöhnung

Prachtfinken können anfangs sehr ängstlich und schreckhaft sein. Vor allem, wenn es in der Wildnis gefangene Vögel sind, werden sie einige Zeit brauchen, um sich an die beengten Verhältnisse in Käfig oder Voliere zu gewöhnen. Die Eingewöhnung so scheuer Vögel sollte in einem nicht zu großen Käfig erfolgen, auch wenn für sie später eine Voliere vorgesehen ist. Da Wildfänge sich erst an Drahtgeflecht gewöhnen müssen, würden sie bei Erschrecken sofort auf und davon stieben, gegen das Gitter prallen und sich wahrscheinlich verletzen. Darum zuerst die Unterbringung in einem Kistenkäfig; die Vögel werden nicht so

Im Alter von 30 Tagen trägt die junge Gouldamadine noch die Papillen in den Schnabelwinkeln, die bald danach abtrocknen.

drauflos sausen. Werden in das Gitter Douglastannenzweige gesteckt oder Tüllgardinenstoff davor gehängt, fühlen sie sich sofort geborgener und sind ruhiger.

Müssen die Vögel gleich in eine größere Voliere, dann können Sie auch hier alles Drahtgeflecht verkleiden, um Unfälle zu vermeiden. Diese Vorsichtsmaßnahmen sollten Sie auch treffen, wenn Sie gezüchtete Vögel in für sie ungewohnte Umgebung bringen. Denn auch sie können panikartig auffliegen, was für Schwarmvögel ein ganz normales Verhalten bei vermeintlicher Gefahr ist. Ein Vogel braucht nur den entsprechenden Warnlaut auszustoßen, dann stieben alle davon; und das kann wegen der Begrenzungen gefährlich für sie werden.

Lassen Sie Ihre neu erworbenen Prachtfinken an den ersten Tagen viel alleine, damit sie sich in Ruhe umsehen und ihre neue Umgebung kennen lernen können. Zügeln Sie Ihre und Ihrer Familie Neugierde und beobachten Sie die Vögel aus einer Distanz, die für sie keine Bedrohung darstellt, gegebenenfalls durch einen Türspalt hindurch. Wenn Sie in der Nähe oder an ihrem Käfig zu tun haben, dann tun Sie das möglichst im Zeitlupentempo, bei gleichzeitigem beruhigendem Zusprechen. Die Vögel gewöhnen sich schnell an Ihre Stimme.

Mehrmals pro Tag sollten Sie nachschauen, ob die Vögel das Futter und Wasser in den Näpfen bzw. Automaten gefunden haben. Sonst könnten sie bei vollen Näpfen verhungern. Sie sehen leere Futterspelzen auf dem Käfigboden, wenn die Vögel sich bedient

haben. Vielleicht sehen Sie sie auch direkt bei der Futteraufnahme. Sind Sie nicht ganz sicher, dann ist es ratsam, etwas Futter auf den Käfigboden zu streuen und Kolbenhirse aufzuhängen. Die finden alle Prachtfinken, da ähnliche Samenstände in der Natur vorkommen.

Beobachten Sie die Vögel aus einiger Entfernung, wie bereits empfohlen, dann sehen Sie auch leichter, ob einer mit aufgeplustertem Gefieder herumsitzt. Ist er nicht schwerkrank, dann wird er sich bei Ihrer Annäherung wieder schlank machen. Behandeln Sie kranke Prachtfinken mit Infrarotlicht, das Sie so vor dem Käfig aufstellen, dass an einem Ende ca. 35 °C, am anderen aber normale Zimmertemperatur von 20–22 °C gemessen werden. Bei mehreren Sitzgelegenheiten kann der kranke Vogel die Wärme aufsuchen, die ihm am besten behagt.

Bei neu erworbenen Vögeln sollten Sie auf deren Kot achten. Sollte dieser wässrig sein, dann sollten Sie gleich im Eingewöhnungskäfig eine Kur mit ihnen durchführen. Ein Antibiotikum wird Ihnen der Tierarzt geben. Erst wenn die Vögel einen gesunden, munteren Eindruck machen, können sie in ihr eigentliches Vogelheim, also in einen Flugkäfig oder in die Voliere. Vor allem wenn dort schon Prachtfinken sind und die Neulinge hinzugesetzt werden sollen, ist die Eingewöhnung in einem kleinen Käfig ratsam. So lassen sich Ansteckungen vermeiden, die oft bei Zukäufen schon schwere Krankheiten oder gar Verluste verursacht haben.

Wenn es um die Haltung geht

Wie sind Prachtfinken am besten untergebracht?

Nach dem neuen Tierschutzgesetz ist jeder Prachtfinkenliebhaber verpflichtet, seine Vögel artgerecht zu halten. Das bedeutet, dass Sie Ihre Pfleglinge so unterbringen müssen, dass sie wenigstens kurze Strecken in ihrem Käfig fliegen können. Da die Prachtfinken sehr bewegungsfreudig sind und ihre Flügel gern gebrauchen, hat der Käfig die entsprechende Größe zu haben. Können die Vögel nur von Stange zu Stange hüpfen, dann müssen sie auf einen wesentlichen Teil ihres arteigenen Lebensinhalts verzichten. Kaufen Sie also gleich einen entsprechend großen Käfig. Sie selbst werden auch mehr Freude an den Vögeln haben.

Weiterhin gehören natürliche Zweige zur artgerechten Haltung. Benutzen Sie also gar nicht erst die Sitzstangen aus Hartholz oder Plastik, die meistens mit dem Käfig geliefert werden. Nehmen Sie die frischen Zweige von Obstbäumen oder anderen Weichhölzern. Schön krumm und verschieden dick sollten die Zweige sein. Dann können die Prachtfinken daran klettern und die verschiedensten Griffe ausprobieren. Das trainiert ihren ganzen Körper und ist nicht so langweilig, wie es die zwei oder drei Stangen sein würden.

Da vielen Prachtfinken die Krallen sehr schnell wachsen, sollten Sie außer Vogelsand einen rauen Stein, etwa alten, gut gewaschenen Mörtel, einen Bimsstein oder eine Schamotteplatte auf den Käfigboden legen. Besonders letztere ist sehr rau und hilft, die Krallen auf die richtige Länge abzunutzen. Wird die Schamotteplatte vor die Futternäpfe gelegt, so dass die Vögel viele Male pro Tag auf ihr landen, dann sind zu lange Krallen kein Problem mehr bei Ihren Vögeln. Schamotteplatten sind bei Ofensetzern zu bekommen, die das Innere von Kachelöfen damit auskleiden.

Der Flugkäfig

Leider wird Ihnen für ein Pärchen Prachtfinken meistens ein viel zu kleiner Käfig angeboten. Sie sollten aber darauf achten, dass die Vögel ein wenig darin fliegen können. Das ist erst bei einer Käfiglänge von 70 cm gegeben. Besser ist natürlich ein Käfig von 1 m Länge. Die Höhe sollte mindestens 60 cm betragen, die Tiefe 40–50-cm. Besser, Sie nehmen einen noch größeren Käfig. Dann haben Sie mehr von den Vögeln, außerdem nicht gleich Probleme, wenn Ihr Pärchen Nachwuchs großgezogen hat.

Wichtig ist auch, dass Ihr Käfig gradlinig gebaut ist. Schnörkel, Winkel und Erkerchen zielen nur auf den Geschmack der Käufer hin und lenken

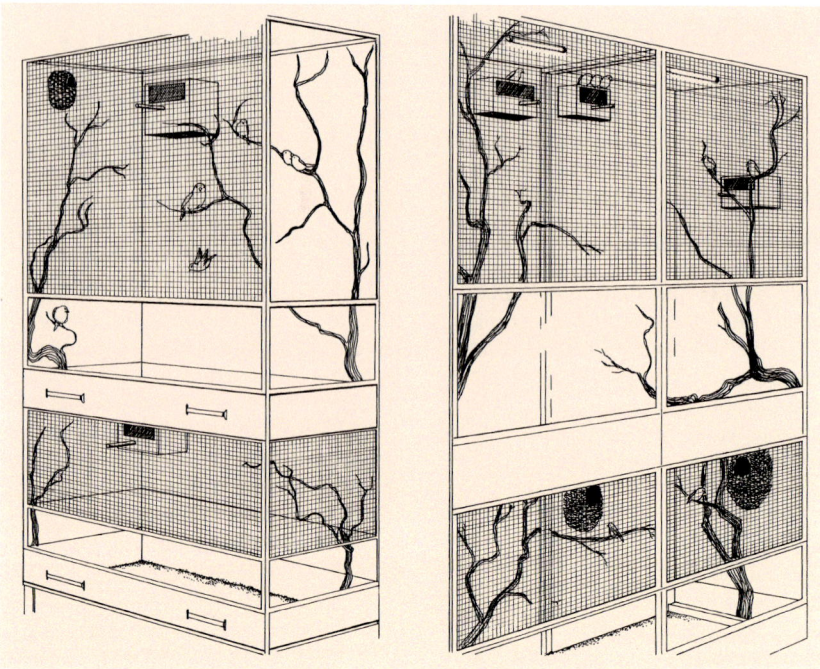

a) Übereinander gestellte Zuchtbauer. Sie besitzen Draht- und Plastik-Schiebetüren und vor den Schubladen Holzklappen.
b) Zwei kleinere, durch Mittelschieber teilbare Zimmervolieren mit Plastik-Schiebetüren zum bequemen Füttern.

von den Vögeln ab. Vor allem aber können sie den Vögeln zur Gefahr werden, denn allzu leicht verfangen sie sich mit den Krallen, Zehen oder mit einem Flügel in einem Winkel. Natürlich lässt sich ein Käfig mit geradem, rechtwinkligem Gitter auch besser reinigen. Die großen Käfige haben eine Vorrichtung, in die Mitte eine Trennwand einschieben zu können. Ein solcher Käfig hat den großen Vorteil, dass die Vögel in der einen Hälfte bleiben können, während Sie die andere sauber machen.

Ein Käfig, der rundherum Drahtgitter besitzt, hat Vor- und Nachteile. Die Vögel bekommen von allen Seiten Licht, aber auch Zugluft. Wird im Sommer der Drahtkäfig ans offene Fenster oder auf den Balkon oder die Terrasse gestellt, können die Vögel direktes Sonnenlicht genießen. Ein Teil des Käfigs muss dann natürlich im Schatten stehen oder bedeckt werden. Zugluft ist bei einem allseits verdrahteten Käfig leicht möglich und die Vögel bleiben scheu, weil ihnen ein sicheres Eckchen fehlt.

Ist der Sockel der Bodenwanne nicht mindestens 10 cm hoch, fliegen viele Federchen, Spelzen und Samenkörner aus dem Käfig. Dieser ist oft auch schwer zu säubern, da er meistens sehr sperrig ist und die Türen zu klein sind. Und nur mit großen Mühen kommt man an die Futter- und Wassernäpfe heran. Die Vögel bleiben bei dem umständlichen Hantieren scheu und Sie selbst werden nervös. Leider gibt es kaum Gitterkäfige ohne die beschriebenen Nachteile.

Eine viel bessere Lösung für Prachtfinken ist der Kistenkäfig. Er wird so genannt, weil er wie eine Kiste nur an einer Seite ein Vorsatzgitter hat. Manchmal ist auch die Decke oder eine der Seitenwände mit Gitter oder Drahtgeflecht versehen. Solch ein Kistenkäfig lässt sich leicht selbst bauen oder kann auch bestellt werden. Hersteller von Kistenkäfigen verschiedener Größe aus Holz oder Kunststoff sind seit Jahrzehnten auf dem Markt und immer noch sehr beliebt.

Kistenkäfige haben folgende Vorteile: Sie sind nur nach einer oder zwei Seiten hin offen. Die Vögel können sich zurückziehen und fühlen sich sicher. Sie sind auch besser vor Zugluft geschützt. Die meisten dieser Käfige haben einen Mittelschieber, damit er unterteilt werden kann. Für das Reinigen des Käfigs ist das von großem Vorteil. Außerdem lassen sich die Vorsatzgitter abnehmen oder große Drahtgeflechttüren öffnen. Nun kann innen ohne Einschränkung hantiert werden. Der untere Teil solcher Käfige hat einen hohen Sockel und darüber oft noch Plexiglasscheiben. So kann kaum Unrat herausfallen. Als Nachteil

eines Kistenkäfigs muss erwähnt werden, dass es darin dunkler ist. Doch dem kann mit einer eingebauten Beleuchtung abgeholfen werden. Es gibt Leuchtstoffröhren mit geringem Stromverbrauch und in Tageslichtfarbe. Diese sind ideal, wenn sie vorne unter der Decke des Käfigs angebracht werden. Im Winter muss den Vögeln der Tag ohnehin auf 12 bis 14 Stunden verlängert werden. So sollten Sie also möglichst nach einem großen Kistenkäfig Ausschau halten oder ihn sich selber aus einem ausgedienten Küchenschrank oder Ähnlichem bauen.

Die Zimmervoliere

Für Prachtfinken ist die Zimmervoliere das geeignete Vogelheim. Darin können die Vögel sich ziemlich frei bewegen, haben viel Flugraum und Ausweichmöglichkeiten. Sie können in einer Voliere gut als gemischte Gesellschaft gehalten werden.

Zimmervolieren können von einem halben bis zu mehreren Kubikmetern Rauminhalt besitzen. Größe und Form können beliebig gewählt werden und richten sich meistens nach dem vorhandenen Platz. Es gibt käufliche Volieren, bzw. Volierenbauteile, doch können aus Leisten, Drahtgeflecht und anderen Materialien Zimmervolieren selbst gebaut werden. Zum Beispiel kann ein Kleiderschrank sehr gut zu einer Voliere umgebaut werden. Während manche Volieren auf Füßen oder Schränken stehen, können andere vom Fußboden bis zur Zimmerdecke reichen. So hatte ich in meinem

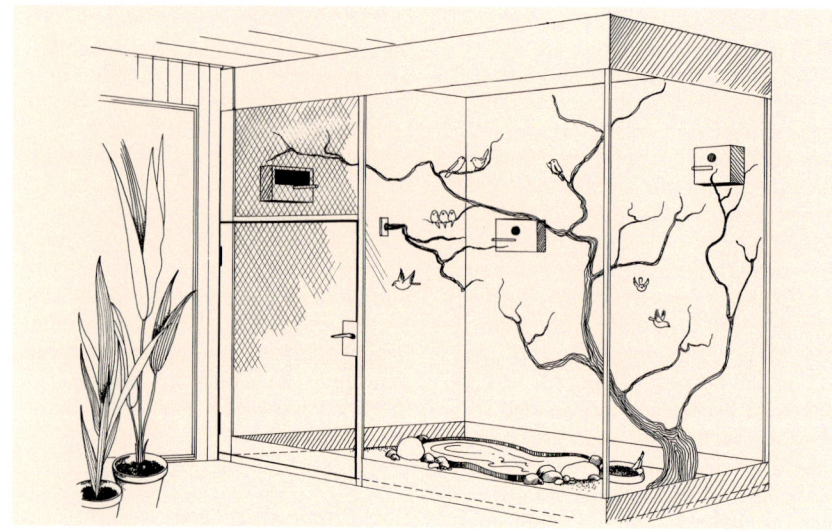

Beispiel einer Zimmervoliere, die sich zur Gemeinschaftshaltung verschiedener Arten gut verwenden lässt.

Büro in Hamburg eine Nische mit Drahtgeflechtrahmen abgetrennt und dadurch eine Voliere von 3,30 m Länge, 1,10 m Tiefe und 2,30 m Höhe gewonnen. In einer solchen Voliere haben die Vögel alle Möglichkeiten, vor allem wenn sie mit Gebüsch, Schilfdickichten und verschiedenem Bodengrund (Sand, Walderde, Moos) so natürlich wie möglich versehen wird.

Es ist einfach, eine bis zum Boden geführte Voliere einzurichten und zu reinigen, denn da kann man hineingehen. Volieren, die auf Tischen oder Unterschränken stehen, sollten nicht tiefer als 60 cm sein, damit Sie beim Säubern auch die hintere Wand erreichen. Auch sollten alle Volieren Trennschieber besitzen, damit Sie die Abteile in Ruhe säubern oder neu einrich-

ten können, ohne dass die Vögel darin gleich hin und her gescheucht werden. So können sie ganz ruhig im Nebenabteil sitzen. Sie werden auch viel zutraulicher, wenn sie nicht durch jede abrupte Handbewegung beunruhigt werden, die sich bei der Reinigung der Voliere ergibt. Soll ein einzelner Vogel herausgefangen werden, so kann er mittels Trennschieber von den Mitbewohnern abgesondert werden. Dann geht die immer sehr aufregende Prozedur ohne das erschreckte Herumflattern aller Mitbewohner vonstatten.

Alle Türen oder Klappen sollten bei einer Zimmervoliere so angebracht sein, dass Sie ohne Schwierigkeiten die Näpfe, das Badehäuschen und die Nistkästchen erreichen. Dann ersparen Sie den Vögeln viele Beunruhigungen und sich den sonst täglich wiederkehrenden Ärger beim Hantieren.

Kommen in den unteren Teil der Drahtgeflechtsseiten Glas- oder Plexiglasscheiben, dann können Sie das Herausfallen von Federchen, Spelzen und Nistmaterial weit gehend vermeiden. Wie Ihnen nebenstehende Bilder verdeutlichen, sind diese Scheiben gleichzeitig Schieber oder Klappen, durch die Sie an das Innere der Voliere gelangen können.

Die Gartenvoliere

Eine Gartenvoliere ist etwas Schönes für Prachtfinken, doch nur für den Sommer. Außerdem brauchen die Vögel ein Schutzhaus, denn auch im Sommer haben wir in unseren Breiten nicht nur warmes und schönes Wetter. Darum sollten Sie eine Gartenvoliere sehr sorgfältig planen, sowohl was den Standort betrifft, als auch den Raum, mit dem sie verbunden werden soll. Die offene Seite der Gartenvoliere sollte nach Süden gerichtet sein. Nach Norden und Westen wird sie entweder direkt an schützende Wände des Hauses, einer Garage oder eines speziellen Vogelhauses angebaut. Daraus ergibt sich schon eine geschützte Lage der Gartenvoliere. Wird ihr Dach mit Plexiglas gedeckt, haben die Vögel einen weiteren Schutz von oben, ohne dass Licht und UV-Strahlen behindert werden. Auch Katzen sowie Tag- und Nachtgreife haben dann kaum Chancen, die Vögel zu erbeuten oder sie zu verletzen.

Ideal ist, wenn die Gartenvoliere mit einer heizbaren Innenvoliere verbunden ist, in der sich die Vögel bei schlechtem Wetter und im Winterhalbjahr aufhalten können. Ob das ein speziell für die Vögel gebautes Haus, ein Schuppen oder ein Teil eines Zimmers ist, wird sich nach den vorhandenen Möglichkeiten richten und natürlich nach den Wünschen und Plänen jedes einzelnen Liebhabers. Ob Sie die Möglichkeiten und die Absicht haben, das Hobby Prachtfinkenhaltung so weit auszubauen?

Was an Materialien für den Bau einer Gartenvoliere nötig ist und wie am besten und zweckmäßigsten gebaut wird, kann nicht Inhalt dieses Buches sein. Weitere Anregungen habe ich in meinem Buch „Prachtfinken" gegeben. Vor allem aber sollten Sie vor dem Bau von Volieren die Bücher lesen, die sich speziell mit diesem Thema befassen und in denen genaue Arbeitsanleitungen gegeben werden (siehe Literaturverzeichnis).

Was an Zubehör nötig ist

Sehr wichtig sind gute Sitzgelegenheiten für die Vögel. Es sollten auf keinen Fall die meistens mit Käfigen mitgelieferten Stangen aus Hartholz oder Plastik sein. Geeigneter sind frische Zweige von Obstbäumen, Haselnuss, Weide, Pappel, Ahorn und Eberesche. Diese sind elastisch, haben eine weiche Rinde und sind verschieden dick.

In großen Spezialgeschäften für Vogelhaltungsbedarf gibt es Halterungen aus Metall mit verschiedenen Bohrungen für die Aufnahme von Zweigen unterschiedlicher Stärke. Von der Seite her haben diese Halterungen eine

Eine Außenvoliere, die sich für Prachtfinken gut eignet. Ein Drittel dieser Voliere besitzt eine wasserdichte Abdeckung, damit die Vögel auch bei Regen draußen trocken bleiben.

Feststellschraube, damit der Zweig nicht herausfallen kann. Auch die Halter für Gardinenstangen aus Holz eignen sich gut für diesen Zweck.

Da manchen Prachtfinken, vor allem Nonnen und Schilffinken, die Krallen besonders schnell und lang wachsen, sollten ihnen neben Klettermöglichkeiten an Schilfhalmen raue Steine wie Mörtel, Bimssteine oder Schamotteplatten vor die Futternäpfe gelegt werden. Da sie täglich viele Male auf diesen Steinen landen, nutzen sich die Krallen auf natürliche Weise ab.

Um in einer Voliere ein „Schilfdickicht" zu schaffen, können zwei mit Maschendraht bespannte Holzrahmen im Abstand von 30–40 cm übereinander an einer Wand angebracht werden. Der untere Rahmen sollte etwa 30 cm über dem Boden sein. Werden nun Schilfhalme durch die beiden Rahmen gesteckt, bleiben sie mit kleinen Abständen aufrecht nebeneinander stehen, ohne umzufallen oder zusammenzuschieben. In diese Drahtgitter können auch hohe feste Gräser und Zweige gesteckt werden, solange sie im unteren Teil gerade

sind. Auf diese Art können richtige Gebüsche geschaffen werden. Das sieht nicht nur gut aus, sondern bietet den Vögeln gute Versteck- und Nistmöglichkeiten.

An Futternäpfen haben sich für Prachtfinken vor allem die etwa 10 cm langen ovalen aus Porzellan bewährt. Die Vögel kommen gut an das Futter, ohne es zu beschmutzen. Auch besteht bei diesen Näpfen nicht die Gefahr, dass das Futter von Spelzen völlig zugedeckt wird, so dass die Vögel trotz voller Näpfe hungern. Wer gern die verschiedenen Saaten getrennt gibt und nur wenige Vögel hat, wird mehrere Rundnäpfe aus Porzellan von 5 cm Durchmesser aufstellen. Alle Näpfe sollten aus Porzellan, glasiertem Ton oder Glas sein, damit sie von den Vögeln nicht umgeworfen werden können. Auch sind diese Näpfe leicht zu reinigen.

Für Keimfutter haben sich die flachen Deckel von Einmachgläsern bestens bewährt. In normal hohen Futternäpfen kann das Keimfutter wegen mangelnder Sauerstoffzufuhr säuern. Das passiert bei den flachen Glasdeckeln nicht.

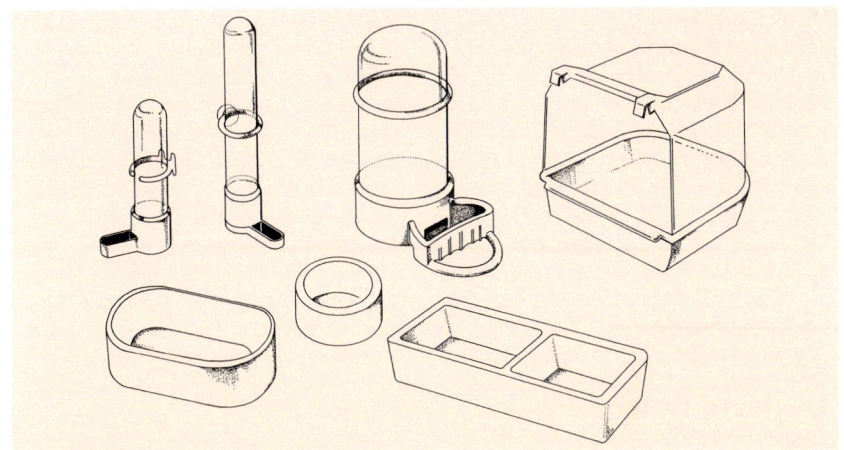

Praktisches Geschirr für die Prachtfinkenhaltung. Der Automat in der Mitte kann sowohl für Futter als auch für Wasser in größeren Anlagen verwendet werden.

Wer einen größeren Prachtfinkenbestand hat, wird vielleicht die großen Plexiglas-Futternäpfe nehmen, die immerhin einen halben Liter Fassungsvermögen haben. In meinen Zuchtvolieren habe ich je einen dieser Automaten mit Mischfutter, in den großen Gemeinschaftsvolieren sechs Stück, um darin die verschiedenen Futtersorten getrennt geben zu können. Auf diese Weise kann ich mit einem Blick sehen, wie viel Futter noch in den Automaten ist und auch, welche Sorten gerade bevorzugt werden.

Für das Trinkwasser sollten Sie keinen Napf verwenden, sondern ein Trinkröhrchen aus Plexiglas mit einem Plastikfuß. Diese Röhrchen gibt es in verschiedenen Größen von 50 ml Fassungsvermögen für ein einzelnes Pärchen bis zu einem halben Liter für eine größere Gesellschaft. Noch größere Trinkautomaten fassen sogar 1 Liter Wasser. Sie können aufgehängt werden und haben rundherum einen Ring als Sitzgelegenheit für die Vögel, wenn sie trinken wollen.

Die Futter- und Trinkwasserautomaten sind so konstruiert, dass kaum einmal Kot der Vögel hineingelangen kann. Natürlich sollten sie nur dort angebracht werden, wo sie vor Verschmutzungen geschützt sind. Das gilt noch mehr für die offenen Futternäpfe. Sie sollten also nicht direkt unter Sitzzweigen stehen. Ist sehr wenig Platz vorhanden, so dass sich Verschmutzungen nicht vermeiden lassen, dann kann eine schräge, über den Näpfen angebrachte Glas- oder Plexiglasscheibe helfen. Eine andere Möglichkeit ist die, Futter- und Wasserautomaten außen am Käfig anzubringen, so dass nur der Fuß durch das Gitter hineinreicht, aus dem sich die Vögel bedienen können.

Badehäuschen aus Plastik mit Plexiglaskuppel können bei Käfigen oder kleineren Volieren außen vor dafür passende Türöffnungen gehängt werden. In größeren Zimmervolieren lassen sich Badehäuschen auch auf den Boden stellen. Die meisten Prachtfinken nehmen das Badehäuschen dann noch lieber an. In Gartenvolieren dürfen es offene große Schalen aus Steingut sein. Wichtig ist, dass sie flach genug sind und eine raue Oberfläche haben. Natürlich sollten diese Schalen nicht unter den Sitzgelegenheiten der Vögel stehen. Ein täglicher Wasserwechsel und Auswaschen sind erforderlich, da die Badeschalen sonst verschlammen.

Je nach Vogelbestand kann auf dem Volierenboden gefüttert werden oder auf einem Futtertisch. Dieser darf 30–80 cm über dem Boden sein. Hat er einen etwa 3 cm hohen Rand, können weder die Näpfe noch verstreutes Futter herunterfallen. Vielmehr wird das Futter durch das An- und Abfliegen der Vögel von den herabwirbelnden leeren Spelzen befreit.

Für Grünfutter, Obst, Sepiaschalen und Nistmaterial gibt es Raufen, Klammern und Halter im Fachhandel zu kaufen. Werden diese Hilfsmittel benutzt, kann weniger verdrecken. Auch ist es leichter, Ordnung zu halten oder immer wieder zu schaffen.

Ein sehr wichtiger Punkt ist die Beleuchtung. Im Sommerhalbjahr mag das natürliche Tageslicht ja für Vögel in rundum verdrahteten Käfigen oder Kleinvolieren reichen. Doch in Kistenkäfigen oder größeren Zimmervolieren ist eine elektrische Beleuchtung zu allen Jahreszeiten erforderlich und Sie haben mehr von der Farbenpracht der Vögel. Wichtiger aber ist, dass die Prachtfinken viel Licht brauchen. Ist der Standort der Voliere hell, vielleicht sogar mit zeitweisem Sonnenlichteinfall, dann brauchen Sie die Beleuchtung vielleicht nur im Winterhalbjahr. Der Tag sollte für die aus tropischen Gebieten stammenden Vögel 12–14 Stunden lang sein. Für diese Zeit benötigen sie helles Licht und zwar tagesähnliches. Bei zu wenig Licht kann es zu Gefiederschäden und zu allgemeiner Verschlechterung der Vitalität kommen.

Zum Glück lässt sich das künstliche Tageslicht mit dem notwendigen UV-Anteil heute mit entsprechenden Leuchtstoffröhren schaffen. Die amerikanischen True-Lite-Röhren und die Osram Lumilux, Lichtfarbe 11 (Tageslicht) sind solche Lampen. Es gibt sie in allen gängigen Längen, so dass ihre Installation überall möglich ist.

Heute ist es auch kein Problem mehr, die Beleuchtungsdauer über eine Schaltuhr genau einzustellen. Dann brauchen Sie morgens und abends nicht daran zu denken. Auch wenn Sie einmal abwesend sind, bleibt die Tageslänge für die Vögel gleich, weil die Lampen immer zur selben Zeit automatisch ein- und ausgeschaltet werden.

Über eine Schaltuhr sollte sich vor dem Ausschalten der Tagesbeleuchtung ein Nachtlicht einschalten. Das ist bei Prachtfinken sehr wichtig, geraten diese Vögel bei völliger Dunkelheit doch leicht in Panik. Wenn eine Glühbirne mit nur 6–10 Watt Leistung während der Nacht brennt, finden sich die Vögel zurecht und sind ruhig.

Orangebäckchen, Blaukopf-Schmetterlingsfinken und Spitzschwanzamadinen in einer Schauvoliere.

Sonst kann es vorkommen, dass ein Weibchen nicht mehr ins Nest findet und die Eier oder Jungen verklammen und absterben.

Paarweise Haltung

Prachtfinken sind Vögel, die fast nie einzeln anzutreffen sind. Sie leben überwiegend paarweise zusammen, manche das ganze Jahr über, andere nur zur Brutzeit. Danach finden sich die meisten zu kleineren oder größeren Schwärmen zusammen. Es ist also artgerecht und ratsam, wenn sie ein Prachtfinkenpärchen anschaffen. Die beiden Vögel werden alles gemeinsam unternehmen, sich aneinanderschmie-gen und gegenseitig kraulen. Sicherlich ist es das innige Zusammenleben, das uns die Prachtfinken so liebenswert macht.

Ein einzelner Prachtfink wäre nur ein „halber" Vogel. Er würde sich nicht wohl fühlen, selbst wenn er ganz zahm wäre. Nur wenige aufgepäppelte Prachtfinken werden ausgesprochen anhänglich, wie wir das von manchem Wellensittich her kennen. Darum halten wir ein Pärchen und freuen uns daran, es in seinen Eigenarten und Verhaltensweisen beobachten zu können.

Wenn Sie die Prachtfinkenhaltung beginnen, sollten Sie erst einmal ein Pärchen anschaffen. Eine der leicht zu pflegenden Arten lässt Sie die notwendigen Erfahrungen sammeln. Wenn Sie ernsthaft an die Zucht von Prachtfinken denken oder besonders seltene und wertvolle pflegen möchten, dann werden Sie diese in den meisten Fällen ebenfalls paarweise halten.

Haltung in Gesellschaften

Da die meisten Prachtfinken sehr friedlich sind, können sie je nach vorhandenem Platz in kleineren oder größeren Gruppen gehalten werden. Vorsorglich sollten Sie jedoch von einer Art immer nur ein Paar in der gleichen Voliere zusammensetzen, da sie sich bei Brutlust gegenseitig jagen könnten. Auch wenn die Vögel zwar nicht der gleichen Art angehören, aber nahe verwandt sind oder sich farblich sehr ähneln, ist Streit zur Brutzeit möglich.

Andere Arten fühlen sich besonders wohl, wenn sie im Schwarm gehalten werden. Sie haben ein ausgeprägtes Sozialverhalten und lieben darum Gesellschaft ihresgleichen. Zu diesen Arten zählen Gouldamadine, Lauchgrüne Papageiamadine, Reisfink, Muskatfink, Zebrafink, Maskenamadine, einige Nonnen- und Schilffinkenarten. Die Schwarmhaltung eröffnet Ihnen sehr interessante Beobachtungsmöglichkeiten. Natürlich kommt es auch unter friedlichen Artgenossen hin und wieder zu Plänkeleien, doch ist das kein Grund zur Besorgnis, sondern eben auch ein Teil ihres natürlichen Verhaltens.

Ebenso können im Allgemeinen friedliche Vögel auch streiten. Selbst unter den friedlichsten Arten gibt es zänkische Individuen. Sorgfältiges Beobachten der Vögel, möglichst aus einiger Entfernung und von den Vögeln ungesehen, lässt Sie schnell erkennen, ob die Vögel harmonisch zusammenleben. Auch verrät sich ein aggressiver Vogel leichter, wenn er Sie nicht sieht. Ist er wirklich bösartig gegenüber seinen Mitbewohnern und bessert sich sein Verhalten nicht, dann müssen Sie ihn aus der Gesellschaft entfernen. Oft ist solch ein Vogel, mit einem Partner für sich untergebracht, ganz friedlich.

Aus eigener Erfahrung habe ich bemerkt, dass Prachtfinken-Gesellschaften am besten harmonieren, wenn die Vögel aus dem gleichen Lebensraum stammen. Die Vögel verstehen sich besser, als wenn der eine aus Afrika, der andere aus Indien und der dritte aus Australien stammt. Sie finden zwar auch zusammen, doch leichter ist es mit Vögeln, die sich in ihrer Art und in den Lautäußerungen seit Jahrtausenden kennen. Deshalb wurden bei den nachfolgenden Gesellschaftsvorschlägen jeweils friedliche Vögel aus gleichen Heimatgebieten zusammengestellt.

Westafrika:
Amarant
Goldbrüstchen
Grauastrild
Orangebäckchen
Schmetterlingsfink
Schönbürzel
Silberschnäbelchen

Ostafrika:
Blaukopf-Schmetterlingsfink
Elfenastrild
Goldbrüstchen

Grünastrild
Perlhalsamadine
Silberschnäbelchen
Wellenastrild
Zügelastrild

Südafrika:
Angola-Schmetterlingsfink
Goldbrüstchen
Grünastrild (Schwarzbäckchen)
Wachtelastrild
Wellenastrild

Indien/Indochina:
Dreifarbennonne
Lauchgrüne Papageiamadine
Malabarfasänchen
Muskatfink
Olivgrüner Astrild
Schwarzkopfnonne
Spitzschwanz-Bronzemännchen
Tigerfink

Indonesien/Neuguinea:
Dreifarbige Papageiamadine
Japanisches Mövchen
Muskatfink
Schwarzkopfnonne
Spitzschwanz-Bronzemännchen
Weißkopfnonne
Wellenbauch-Bronzemännchen

Australien:
Binsenastrild
Braunbrust-Schilffink
Gelber Schilffink
Gouldamadine
Maskenamadine
Ringelastrild
Weißbrust-Schilffink
Zeresfink

Auch andere, hier nicht genannte Arten eignen sich für die Haltung in einer Gemeinschaftsvoliere. Bei ihnen sind Erfahrung und Fingerspitzengefühl erforderlich, auf jeden Fall auch mehrere Volieren und Käfige, damit Ausweichmöglichkeiten vorhanden sind.

Es gibt auch unverträgliche Arten

Wenn es auch nur wenige Arten sind, die sich mit anderen Prachtfinken nicht vertragen, so ist es doch wichtig für Sie, diese zu kennen. Zu leicht kann sonst die ganze Harmonie einer Gesellschaft gestört sein. Einige Vögel, die unverträglich sind, leben auch in der Natur alleine oder paarweise und beanspruchen ein Revier für sich, was sonst bei Prachtfinken nicht üblich ist. Andere brüten zwar dicht nebeneinander, haben aber keinen Kontakt und fliegen auch nur paarweise auf Futtersuche. Wieder andere sind zwar gesellig, doch bei dem geringen Platz in einer Voliere werden sie aggressiv. Dabei kommt es zum Gejage bis zur Erschöpfung der Mitbewohner, aber auch zum Hacken oder Beißen. Manchmal werden ganze Federbüschel aus dem Nacken des Opfers gerissen. Die Mitbewohner solch angriffslustiger Prachtfinken sehen bald ramponiert und mitgenommen aus.

Einige Prachtfinken greifen zwar ihre Mitbewohner nicht an, vertreiben sie aber aus ihren Nestern, werfen Eier oder Junge heraus oder stehlen das Nistmaterial.

In der nachfolgenden Aufzählung werden die schlimmsten Störenfriede

25

zuerst genannt, die weniger aggressiven am Ende. Natürlich sind nicht alle Individuen einer Art gleichermaßen angriffslustig. Es gibt auch friedlichere Vögel unter den Raufbolden:

Sonnenastrild
Buntastrild
Kleinelsterchen
Diamantfink
Bandfink
Roter Tropfenastrild
Rotkopfamadine
Gürtelamadine
Reisfink
Zebrafink

Die regelmäßige Pflege

Für die Vögel wie für Sie selbst ist es von Vorteil, wenn Sie alles, was mit der Pflege zu tun hat, regelmäßig zu bestimmten Zeiten tun. Die Vögel lieben Regelmäßigkeit. Das geht schon aus ihrem Tagesablauf mit Nahrungsaufnahme, Trinken, Baden, Ausruhen, geselligem Beisammensein mit gegenseitigem Kraulen und Putzen hervor. Dies kann in der Natur ebenso beobachtet werden wie in Käfig und Voliere.

Füttern Sie immer zur gleichen Stunde, dann gewöhnen sich Ihre Prachtfinken daran. Sie werden dann nicht beunruhigt sein, sondern vielleicht schon auf das Futter warten. Auf diese Weise werden die Vögel viel vertrauter. Als Beispiel habe ich folgenden Futter- und Pflegeplan aufgestellt, nach dem ich mich richte. Dann werden auch die weniger beliebten Arbeiten nicht aufgeschoben oder vergessen, sondern regelmäßig verrichtet.

täglich:
– füttern
– Futterautomaten kontrollieren
– frisches Trinkwasser reichen
– frisches Badewasser geben
– bei Paaren mit Brutabsichten genügend Nistmaterial bieten
– auf richtige Temperatur und Luftfeuchtigkeit achten
– Vögel beobachten

wöchentlich:
– Käfige und Volieren reinigen – Sitzgelegenheiten säubern
– Sand und anderen Bodenbelag erneuern
– lebende Pflanzen absprühen, große Blätter feucht abwischen

monatlich:
– Käfige, Schlafnester und Vögel auf Ungeziefer hin prüfen
– falls nötig, Krallen beschneiden
– Grassoden erneuern, in Außenvolieren mit Betonboden auch Erde und Sand

vierteljährlich:
– gründliche Reinigung mit Desinfektion
– Äste und Zweige gegen frische austauschen
– Schlafnester desinfizieren und alles Nistmaterial herausnehmen
– bei Gartenvolieren auf Defekte im Drahtgeflecht achten, gegebenenfalls ausbessern.

Die richtige Ernährung

Körnerfutter

Das Körnerfutter für Prachtfinken besteht aus verschiedenen Hirsesorten. Diese werden auch in der Natur aufgenommen und zwar fast so gern wie allerlei Grassamen. Klein körnige und weich schalige Hirse wird bevorzugt. Für die zart schnäbligen Astrilde kommen vor allem Senegal-, Manna-, Japan- und Kolbenhirse in Frage, während die Amadinen mit ihren kräftigeren Schnäbeln die Silber- und Platahirse bevorzugen.

Ein sehr guter Ersatz für die Grassamen ist Glanz (auch Spitz- oder Kanariensaat genannt). Es gibt ihn heute in verschiedenen Sorten, klein- und großkörniger. Glanz ist proteinhaltiger als Hirse und wird von den Prachtfinken gern aufgenommen. Besonders für die Aufzucht der Jungen ist Glanz wichtig. In meistens kleiner Menge wird von vielen Prachtfinken auch Nigersaat gemocht. Es sind ölhaltige Samen, die aber nur sparsam gefüttert werden sollten. Aus den oben genannten Hirsesorten, Glanz und etwas Negersaat bestehen die Prachtfinken-Futtermischungen. Manche Händler führen zwei Mischungen: eine kleinkörnigere für afrikanische Astrilde und eine großkörnigere für Amadinen und für australische Prachtfinken.

Wenn Sie nur wenige Prachtfinken pflegen, sollten Sie das in Packungen abgefüllte Mischfutter für Exoten kaufen. Es ist frisch und sauber und von gleichbleibend guter Qualität. Bei einer größeren Vogelschar werden Sie sicherlich loses Futter in entsprechender Menge kaufen. Auch dieses sollte Qualitätsfutter sein. Kaufen Sie aber niemals zu viel Futter auf einmal. Es könnte alt und gehaltlos werden, vor allem wenn Sie nicht die richtigen Lagermöglichkeiten haben. Bei zu warmer und feuchter Lagerung kann das Futter muffig werden. Futtermilben können sich einnisten und es verderben oder Futtermotten legen ihre Eier hinein. Die daraus schlüpfenden Larven durchziehen das ganze Futter mit ihrem Gespinst.

Natürlich können Sie statt eines Mischfutters die verschiedenen Hirsesorten und Glanz getrennt in verschiedenen Näpfen oder Automaten reichen. Das ist nur praktikabel, wenn eine größere Anzahl von Vögeln in einer Voliere lebt. Dann haben Sie so eine bessere Kontrolle über die jeweiligen Bedürfnisse der Vögel. Diese können sich von Zeit zu Zeit ändern.

Zusätzlich kann den Prachtfinken ein Waldvogel-Mischfutter gegeben werden. Dieses enthält unter anderem Salat-, Distel-, Löwenzahn-, Fichten-, Königskerzen-, Wegerichsamen, Mohn und Leinsaat, manchmal auch Hanf. Von diesen Samen sollten allerdings immer nur kleine Portionen zugeteilt werden. Manche der Vögel könnten sonst eine Vorliebe für die zum größten Teil fetthaltigen Samen bekommen und selbst zu dick und dann auch leberkrank werden.

Für nur wenige der größeren Prachtfinken kommen auch Getreidekörner als Nahrung in Betracht. So nehmen Reisfinken gern Weizen, Hafer und natürlich Reis. Letzterer bildet für die Lauchgrüne Papageiamadine sogar die Hauptnahrung. Allerdings darf es kein alter, harter Paddy-Reis und auch kein geschälter Reis sein, sondern Naturreis, der recht weich und auch keimfähig ist. Hafer und Weizen, die noch milchig halbreif sind, werden von diesen Vögeln sowie von einigen Schilffinken und Nonnen heißhungrig verzehrt.

Einige Prachtfinken können ihr Leben lang mit trockenem Körnerfutter ernährt werden, wenn dieses stets frisch ist und aus einer guten Mischung besteht. Die meisten Arten würden jedoch allmählich ihre Vitalität verlieren und krank werden, bekämen sie nicht zusätzlich andere Futterstoffe. Was Sie den Prachtfinken sonst noch alles anbieten können, wird in den nächsten Abschnitten genannt.

Keimfutter

Keimfutter braucht den Prachtfinken außerhalb der Brutperiode nicht oder nicht täglich gegeben zu werden. Es sind zwar die gleichen Hirse- und Glanzkörner, die sonst trocken gefüttert werden, doch sind sie durch den Keimprozess aufgeschlossen, besser verdaulich und vitaminreicher gewor-

Oben und Mitte: So wird Keimfutter zubereitet: Drei verschiedenfarbige Siebe werden in Plastikeimerchen gehängt. Während das Keimgut am 1. Tag ganz mit Wasser bedeckt ist, hängt das Sieb am 2. und 3. Tag luftig, ganz ohne Wasser.

Unten: So einfach kann Grünfutter in flachen Blumentöpfen auf Walderde herangezogen werden. Von links nach rechts: frisch gesät, 2 und 6 Tage alt.

den. Vor allem Vitamin E ist in den Keimen enthalten, das unter anderem den Bruttrieb anregt. Deshalb ist es verständlich, dass bei vielen Prachtfinken Keimfutter notwendig ist, um in Brutstimmung zu kommen. In der Natur schreiten die Prachtfinken zur Brut, wenn die Regenzeit eingesetzt hat und Gräser mit frischreifen Samen herangewachsen sind. Keimfutter ist ein sehr guter Ersatz für die jungen, halbreifen Samen. Es sollte während der Brutzeit keinen Tag fehlen, jedoch auch nicht ausschließlich gefüttert werden.

Keimfutter können Sie am besten nach folgender Methode bereiten: In ein Plastiksieb füllen Sie morgens die Futtermenge, die Ihre Vögel pro Tag haben sollen. Dann hängen Sie das Sieb in eine Plastikschüssel und füllen Wasser ein, bis alle Samen schwimmen. Nach 12 Stunden spülen Sie das Keimfutter mit kaltem Wasser gründlich durch. Danach wieder Wasser auffüllen. Nach weiteren 12 Stunden wieder durchspülen, jedoch nicht ins Wasser zurückhängen, sondern das Wasser abschlagen und das Sieb mit dem Keimfutter auf ein mehrfach gefaltetes Frotteetuch stellen. So zieht das letzte überschüssige Wasser ab und die Samen trocknen allmählich. Sie bleiben 24 Stunden ohne Wasser im Sieb. Ich stelle das Sieb für diese Zeit in einen Durchschlag, damit von allen Seiten Luft an das Keimgut herankommen kann. Während dieser 24 Stunden keimen die Körner weiter, so dass sie am Morgen danach schon die weißen Spitzen der Keime zeigen. Jetzt sollten sie verfüttert werden, da sie in diesem Zustand am wertvollsten sind. Dass die Samen äußerlich fast ganz abgetrocknet sind, ist von Vorteil, andernfalls besteht die Gefahr, dass sie säuern oder schimmeln.

Das Keimfutter sollte den Vögeln auf einem ganz flachen Blumentopf-Untersetzer oder auf einem Einmachglas-Deckel serviert werden. Ein normaler Futternapf hat schon zu hohe Ränder, so dass kaum Sauerstoff zutreten kann und die Samen säuern.

Damit Sie täglich Keimfutter zur Verfügung haben, brauchen Sie 2 oder 3 Siebe, denn der ganze Keimprozess dauert je nach Raumtemperatur 2–3 Tage. Es ist ratsam, ein Sieb und eine Schüssel mehr zu haben, als ständig im Einsatz sind. Sie müssen nämlich nach Gebrauch unter heißem Wasser gründlich ausgebürstet werden. Können sie danach noch einen Tag lang trocknen oder trocken stehen, haben die sonst leicht auftretenden Fäulnisbakterien keine Chance. Kommt es doch einmal vor, dass das Keimfutter einen schlechten Geruch hat, sollte es lieber weggeschüttet werden. Das passiert meistens nur, wenn das Durchspülen oder das Reinigen der Siebe vergessen wurde. Verdorbenes Keimfutter schadet den Vögeln mehr als es nützt, da es Durchfall und Darmentzündungen verursachen kann.

Grünfutter, Obst und Gemüse

Fast alle Prachtfinken lieben frisches Grünfutter, Obst und sogar manche Gemüseart. Grünfutter ist gesund und vitaminreich. Das spüren die Vögel und nehmen es darum heißhungrig auf. Es wird fast immer dem Körnerfutter und oft sogar dem Keimfutter vorgezogen.

Wenn Sie einen eigenen Garten haben und keine Pflanzenschutzmittel verspritzen (Ihre Nachbarn auch nicht?), können Sie Ihren Prachtfinken das ganze Jahr über bestes Grünfutter zukommen lassen. Weiteres Grünfutter finden Sie wild wachsend an Wegrändern und auf Ödland. Vergewissern Sie sich vorher, dass auch hier keine Insektizide oder Düngemittel eingesetzt wurden. Diese können sich auch in kleinster Menge gesundheitsschädigend auf die Vögel auswirken, auch wenn es nicht zu sofortigen Vergiftungserscheinungen kommt. Aber auch das ist häufig der Fall und die Vögel fallen mit Krämpfen zu Boden und verenden qualvoll. So ist zum Beispiel gekaufter Kopfsalat häufig gespritzt und schon vielen Prachtfinken zum Verhängnis geworden. Darum muss er, wie alles andere Grünfutter auch, vor dem Verfüttern sorgfältig gewaschen und gewässert werden.

Diese Warnung muss ich leider deutlich aussprechen. Nehmen Sie sie ernst und verfüttern Sie nur sauberes, gewaschenes Grünfutter. Auf Grünfutter für Ihre Prachtfinken sollten Sie trotzdem nicht verzichten. Sie sehen ja, mit welcher Begeisterung sich die Vögel darüber hermachen und auch, wie gesund es für sie ist.

An Grünfutter stehen Ihnen Vogelmiere, Löwenzahn, Sauerampfer, Wegerich, Endivien, Feld- und Eisbergsalat, Kresse, Petersilie und Spinat zur Verfügung. Wenn Sie die Pflanzen nicht pflücken, sondern mit Wurzelballen mitnehmen, dann welken sie nicht so schnell und bleiben für die Vögel länger frisch. Das gilt natürlich für die wild wachsenden Arten und für die Futterpflanzen aus dem eigenen Garten. Manches hiervon können Sie auch selbst in kleinen Blumentöpfen oder Blumentopf-Untersetzern auf ungedüngter Kompost- oder Pflanzerde züchten. Die Vögel nehmen nicht nur die zarten Pflänzchen, sondern auch gern etwas von der Erde.

Recht guter Ersatz für Grünfutter ist vielen Prachtfinken Obst und Gemüse.

Es gibt aber auch Vögel, die kaum an Obst und Gemüse gehen. Oft ist es auch eine Sache der Gewöhnung. Es werden Äpfel, Birnen, Bananen, Weintrauben, Melonen, Kiwis und Gurken genommen, alles am besten in Scheiben oder kleine Stücke geschnitten und mit einer Klammer befestigt oder auf einen Nagel gespießt. In einem Napf können auch die verschiedensten Beeren gereicht werden. So sind Himbeeren, Erdbeeren, Brombeeren, Heidelbeeren und sogar Holunderbeeren bei manchen Prachtfinken beliebt. Allerdings sollten sie etwas zerdrückt werden. Rosinen und getrocknete Feigen werden ebenfalls aufgenommen, wenn sie vorher gewässert und klein geschnitten wurden. Weiterhin können geriebene Möhren als gutes und vitaminreiches Gemüse für Prachtfinken angesehen werden und nicht zuletzt die Sojakeime, die aus den kleinen grünen Mungobohnen gezogen werden.

Genauso wichtig wie Grünfutter sind für fast alle Prachtfinken die Samenstände verschiedenster Wildkräuter in halbreifem oder frischreifem Zustand. Vom frühesten Frühjahr bis zum Spätherbst gibt es immer einige Pflanzen mit Samenständen zu finden, die für die Vögel interessant, schmackhaft und gesund sind. Denken Sie vor dem Pflücken stets daran, nur dort Pflanzen mitzunehmen, wo garantiert kein Gift gespritzt worden ist. Es gibt eine so große Vielfalt an Kräutern, dass Sie regelrecht zum Botaniker werden, wollen Sie Ihren Prachtfinken von allem etwas bringen. Welchen Nährwert die einzelnen Pflanzen haben, ist noch wenig bekannt. Auf jeden Fall sind sie reich an Vitaminen, Mineralstoffen und an Geschmackstoffen. Zwar ist bekannt, dass der Geschmackssinn bei den Prachtfinken nicht so hervorragend entwickelt ist, wie etwa das Sehen und Hören, doch ganz unbedeutend scheint er auch nicht zu sein. Das lässt sich besonders gut beim Umgang der Vögel mit den Samenständen verschiedener Pflanzen erkennen, stehen diese ihnen gleichzeitig zur Verfügung. Sie richten sich dann sicher auch nach dem unterschiedlichen Geschmack, ziehen sie einige doch deutlich anderen vor.

Vor allem üben diese Pflanzen auf die Prachtfinken einen großen Reiz aus, weil sie deren Samen aus den Fruchtständen ausklauben müssen. Dies ist eine so natürliche Beschäftigung für die Vögel, dass sie ihr stets mit großem Eifer nachgehen. Sie klettern auf den Pflanzenbüscheln herum, hängen oft mit dem Kopf nach unten daran, um auch alle Samen zu erreichen.

Schon im zeitigen Frühjahr können Sie Vogelmiere mit Samenkapseln finden. Wenig später sind der Huflattich und der Löwenzahn so weit. Noch bevor die gelben Blüten zu „Pusteblumen" werden, sollten sie geerntet werden. Die Flughaare stehen dann noch wie bei einem Pinsel zusammen und können mit der Schere abgeschnitten werden. Dann fliegen sie später nicht im Käfig oder Zimmer herum. Besonders gern nehmen Prachtfinken die Samen aus den verschiedensten Grasrispen, die ja ganz ihrer natürlichen Nahrung entsprechen. Wenn diese reif sind, etwa ab Mai,

gibt es auch Samenstände an folgenden Pflanzen: Vogelknöterich, Hirtentäschelkraut, Kreuzkraut, Gänsefuß und Gänsedistel. Die Stiefmütterchen-, Vergissmeinnicht- und Salatsamen können sogar im eigenen Garten gereift sein. Sie werden ebenso wie Spitz- und Breitwegerichsamen von einigen Prachtfinken sehr gern aufgenommen. Später folgen die Samenstände des Sauerampfers, der Nacht- und der Königskerze. Mit dem Herbst lassen sich auch Distel- und Klettensamenstände ernten. Auch von diesen sollten vor dem Verfüttern die Flughaare abgeschnitten werden. Schließlich und das bis in den Winter hinein, können Melde und Beifuß geerntet werden. Sie ersehen aus dieser Aufzählung, dass Sie ihren Prachtfinken fast jederzeit ein Sträußchen mitbringen können.

Aufzuchtfutter und tierische Nahrung

Als Aufzuchtfutter gibt es verschiedene Sorten im Fachhandel. Diese enthalten entweder überwiegend Ei oder kleine getrocknete und mit Honig oder Fett zubereitete Insekten. Von einigen Prachtfinken werden diese so genannten Ei- oder Weichfutter ohne Weiteres angenommen. Andere wiederum verschmähen dieses nicht lebende Futter völlig. Es kann ihnen allerdings schmackhaft gemacht werden, indem es mit Ameisenpuppen oder mit anderen kleinen Insekten angereichert wird.

Es ist auch möglich ein Aufzuchtfutter selbst herzustellen: Hart gekochtes

Ei oder nur Eigelb wird mit Zwieback-mehl, Babynährmittel (Nektarmil, Milumil, Alete oder einem Ähnlichen), Hefeflocken, Weizenkeimflocken und Traubenzucker vermischt. Es soll schön flockig, also nicht zu feucht oder zu trocken sein. Etwas Möhre darf zugerieben werden. Auch bei diesem Futter werden Sie erleben, dass einige Prachtfinkenarten oder auch einige Individuen einer Art das Futter anfangs nicht anrühren. Wenn kleine Insekten darunter gemischt werden, dann akzeptieren sie es mit der Zeit doch.

Nun zu den Futtertieren selbst: Der Mehlwurm, eigentlich Mehlkäferlarve, ist am bekanntesten. Er kann in fast jeder Zoohandlung gekauft werden. Er-bietet eiweiß- und sehr fettreiche Nahrung. Wenn er gut ernährt ist, enthält er auch noch reichlich Mineralstoffe und Vitamine. Wegen des harten Chitinpanzers sind Mehlwürmer etwas umstritten. Bei Weichfressern, die Mehlwürmer ganz verschlucken, sind durch sie schon Schäden aufgetreten, etwa Geschwüre an den Füßen. Die meisten Prachtfinken sind da vorsichtiger. Sie ziehen den Mehlwurm nur durch den Schnabel, quetschen dabei den Inhalt aus und lassen die Chitinhaut fallen. Doch nicht alle tun das, weshalb es sicherer ist, frisch gehäutete und kleine oder überbrühte und zerschnittene Mehlwürmer zu füttern. Auch die noch weißen Puppen, die sich nach der letzten Häutung bilden, sind sehr gutes Futter.

Um kleine und frisch gehäutete Mehlwürmer zur Verfügung zu haben, sollten Sie diese selbst züchten. Das ist gar nicht so schwierig und zeitaufwändig, wie Sie vielleicht denken. Wie

es gemacht wird, wird in dem Buch „Futtertierzucht" von Friederich/Volland bestens beschrieben. Kaufen Sie Mehlwürmer portionsweise im Zoohandel, dann können Sie deren Wert für die Vögel auf folgende Weise stark verbessern: Legen Sie die Mehlwürmer in Kleie. Fügen Sie Haferflocken und Hefeflocken hinzu. Geben Sie ganz obenauf Papier, Pappe oder Sackleinen, regelmäßig etwas Feuchtfutter und zwar Möhre, Apfel oder Kartoffel. Die Mehlwürmer brauchen das, ferner sind sie dann als Futtertiere viel nahrhafter und vitaminreicher.

Für Prachtfinken geeigneter sind die kleineren Getreideschimmelkäfer-Larven. Sie haben eine weichere Chitinhaut und sind darum insgesamt gut verdaulich. Nur von speziellen Futtertierhäusern werden sie verschickt, sonst müssen sie selbst gezüchtet werden. Das geht im Prinzip wie bei den Mehlwürmern vor sich. Die Generationsfolge ist jedoch viel kürzer. Während die Aufzucht von Mehlwürmern 3–4 Monate benötigt, dauert es bei Getreideschimmelkäfer-Larven nur 1 1/2 Monate. Ihre Zucht ist auch sehr ergiebig, so dass bald viele dieser Larven verfüttert werden können.

Ein besonders wertvolles Aufzuchtfutter sind Ameisenpuppen. Diese sind sehr eiweißreich und werden von allen Prachtfinken gern genommen, die tierische Nahrung für ihre Jungen benötigen. Die Puppen der Rasenameisen können Sie selbst ernten, denn die Ameisen bringen sie an trockenen Sommertagen unter Steine und Wegplatten, wo sie in größeren Mengen eingesammelt werden können. Es gibt aber auch vom Fachhandel tiefgefrorene Puppen, die gut verpackt als Schnellpaket versandt werden. Diese können Sie für die Aufzucht junger Prachtfinken aufgetaut verfüttern. Andererseits lässt sich ein Überschuss an geernteten Ameisenpuppen einfrieren.

Pinkys sind kleine Fliegenmaden, die es in Zoofachgeschäften und besonders in Anglergeschäften gibt. Sie haben sich als sehr gutes Futter für Prachtfinken erwiesen, das auch von vielen Arten angenommen wird. Da sie in Weizenkleie geliefert werden und auch nicht auf faulendem Fleisch gezüchtet wurden, sind sie ganz appetitlich und in keinem Fall schädlich für die Vögel. Im Kühlschrank können sie wochenlang gehalten werden, ohne dass sie absterben oder sich verpuppen.

Weitere Lebendfutterarten sind Wachsmottenlarven. Es gibt eine kleine und eine große Art. Sie sind Schädlinge in den Bienenstöcken, wo sie sich vom Wachs der Waben ernähren. Jeder Imker ist froh, wenn er die Motten und deren Larven los wird. So lässt sich leicht eine Zucht aufbauen. Allerdings sind ganz fest schließende Gazedeckel nötig, da sich die Larven vor dem Verpuppen einen Platz suchen, an dem sie sich in einen Kokon spinnen und verpuppen möchten. So begeben sie sich auf Wanderschaft und verstehen es, im Gegensatz zu den vorher besprochenen Futtertieren, an glatten Wänden hochzukrabbeln, auch an Glas. Mir sind vor langer Zeit einmal hunderte von Wachsmottenlarven entwischt, was zur Folge hatte, viele Tage lang mindestens je ein Dutzend Wachsmotten in der Wohnung jagen zu dürfen. Die Larven sind gutes Futter, ein bisschen groß für Prachtfin-

ken, auch ein bisschen fett, doch für Lebendfutter-Vielfraße gerade das Richtige.

Es lassen sich im Sommer viele Blattläuse sammeln, nicht einzeln, sondern zusammen mit dem befallenen Kraut oder Zweig. Selbst die wählerischsten Prachtfinken werden nicht widerstehen können, diese kleinen, süß schmeckenden Tierchen mit Genuss zu verspeisen. Ihre Jungen gedeihen dabei bestens. Ob grüne oder schwarze Blattläuse ist einerlei, wichtig ist nur, dass sie auf Gräsern, Kräutern, Büschen und Bäumen leben, die für die Prachtfinken ungiftig sind. Die Blattläuse sind nämlich mit deren Säften angefüllt (s. Seite 12).

Wiesenplankton ist eine weitere natürliche Art, den Prachtfinken Lebendfutter zu bieten. Streift man mit dem Kescher über das Gras einer Wiese oder eines Wegrandes, dann fangen sich viele Insekten darin. Diese werden in ein Glas getan. Hat der Blechdeckel ein Loch, durch das immer nur ein Insekt hindurch schlüpfen kann, so werden die Prachtfinken ganz begeistert sein und eins nach dem andern erwarten.

Obstfliegen, Essigfliegen (es gibt stummelflügelige Formen), Enchyträen, sogar Wasserflöhe können für manche Prachtfinken wichtig sein. Es gibt also viele Möglichkeiten, den Prachtfinken tierische Nahrung zu bieten.

Vitamine und Mineralstoffe

Wird den Prachtfinken außer trockenem Körnerfutter auch Keimfutter,

Ein Futtertisch aus starkem Drahtgeflecht nimmt alle Gefäße auf. So bleiben sie sauberer und erleichtern den Vögeln die Aufnahme von Futter und Wasser.

Grünes, Obst und Gemüse gegeben, erübrigt sich meistens die Verabreichung synthetisch hergestellter Vitamine. Dennoch kann es Zeiten geben, in denen ein Vitaminpräparat heilsam wirken kann, so bei Stress, Krankheit, Mauser und Jungenaufzucht.

Bedenken Sie beim Gebrauch von Vitaminen, dass diese keine Nahrungsmittel sind und keine Nährstoffe enthalten. Sie können vielmehr als Regulatoren oder Katalysatoren angesehen werden. Als solche greifen sie in den gesamten Stoffwechsel des Vogels ein. Durch sie wird die Nahrung für den Körper erst verwertbar. Trotzdem sind sie nur in allerkleinsten Mengen zu verabreichen, etwa wie Medikamente. Es wäre also falsch, wenn Sie den Vögeln Vitamine nach der Devise „je mehr, desto besser" geben würden. Einige Vitamine können in Überdosis dem Vogel schaden. Andere werden bei einem Zuviel zwar ausgeschieden, belasten den Organismus aber doch, wie neueste Untersuchungen gezeigt haben. Darum ist es ratsam, wenn Sie Vitamine sehr, sehr sparsam verabreichen und sie den Prachtfinken höchstens nach Vorschrift auf den Gebrauchsanweisungen geben. Bedenken Sie aber, dass diese Angaben meistens für Vögel wie Kanarien oder Wellensittiche gelten. Diese Vögel haben das doppelte oder dreifache Körpergewicht wie einer der kleineren Prachtfinken. Es genügt also, in jedem Fall jeden zweiten oder dritten Tag eine Minidosis zu verabreichen.

Achten Sie beim Kauf von Vitaminen auf das Herstellungs- oder Verfallsdatum. Häufig stehen diese Präparate viel zu lange in den Regalen der Verkäufer und sind dann oft völlig unwirksam. Da die Vitamine fast immer über das Trinkwasser verabreicht werden, sollten sie durstigen Vögeln gegeben werden, die sie sofort austrinken. Es ist also richtig, den Vögeln abends ihr Trinkwasser fortzunehmen und ihnen die Vitamine mit einer kleinen Wassermenge zu reichen. Nach einer oder zwei Stunden sollten sie dann reines Wasser bekommen, da die Vitamine im Wasser nämlich schon nach kürzerer Zeit unwirksam werden. Ihre Trägersubstanzen können das Wasser sogar verderben, wenn Sie die Vitamine den ganzen Tag über in den Näpfen oder Röhren lassen. Dann können die Vögel vom verdorbenen Wasser Durchfall bekommen.

Wie die einzelnen Vitamine wirken und worin sie enthalten sind, möchte ich Ihnen hier kurz erläutern:

Vitamin A schützt die Schleimhäute. Es ist für das Sehvermögen sehr wichtig. Auch fördert es das Wachstum. In Eigelb und Lebertran ist Vitamin A enthalten, als Provitamin auch in vielem Grün, vor allem in Karotten, Petersilie, Spinat, Salat und Bananen. Bei Überdosierung von Vitamin-A-Präparaten kann es zu Leberschäden kommen.

Vitamin B-Komplex wird eine Reihe von B-Vitaminen genannt, weil sie nur zusammen ihre volle Wirkung entfalten können. Sie sollen darum an dieser Stelle auch nur gesamt beschrieben werden. Sie sind an sämtlichen Vorgängen des Stoffwechsels beteiligt. Die Entwicklung der Embryonen, das Wachstum der Jungvögel, die Befiederung sind ohne diese Vitamine undenkbar. Außerdem schützen sie vor Magen-Darm-Störungen und vor Erkrankungen des Nervensystems und des Bewegungsapparates. Die Vitamine des B-Komplexes sind reichlich in Weizenkeimflocken, in Keimfutter, Grünfutter, vor allem in Sojakeimen, Spinat, Salat, Endivien, Bananen, Äpfeln, Möhren, Haferflocken, aber auch in Eigelb enthalten.

Der Vogelkörper kann die B-Vitamine nicht speichern, sondern muss sie täglich aufnehmen. Sie sind lichtempfindlich und verfallen schnell. Im Vogelkörper können leichte Überdosierungen keinen Schaden anrichten, weil diese Vitamine nicht gespeichert, sondern ausgeschieden werden.

Das **Vitamin B 12** möchte ich an dieser Stelle extra erwähnen, weil es ein sehr gutes Mittel gegen Darmerkrankungen ist. Ein bis zwei Tropfen hiervon morgens ins frische Trinkwasser gegeben, hilft bei den Prachtfinken oft sofort. Eine kurzzeitige Überdosierung lässt sich hierbei nicht vermeiden, schadet dem Vogel aber auch nicht. Eigentlich wird das Vitamin B 12 im Dickdarm des Vogels gebildet, bei Durchfall jedoch wird es nicht genügend vom Körper aufgenommen. Daher ist die Zuführung dieses Vitamins bei Darminfektionen wichtig.

Vitamin C stärkt die Abwehrfunktionen des Körpers bei Infektionskrankheiten. Auch fördert es die körperliche Leistung und Energie. Alle anderen Vitamine werden durch das Vitamin C geschützt. Der Stoffwechsel in den Zellen wird gefördert, der Eisen- und Hormonhaushalt reguliert. Vögel können das Vitamin C in ihrer Leber selbst bilden, so dass sich Gaben eines Präparates erübrigen. Auch ist in allen grünen Pflanzen, in Obst und Gemüse Vitamin C enthalten.

Vitamin D, auch „Sonnenvitamin" genannt, wird als Provitamin mit der Nahrung aufgenommen und erst durch Sonnenlicht in das eigentliche Vitamin umgewandelt. Das Vitamin D reguliert den Kalzium-Phosphor-Stoffwechsel. Bei seinem Mangel kommt es zur Knochenerweichung, die besser als Rachitis bekannt ist. Missbildungen, Wachstumsstörungen, Legenot und weichschalige Eier können die Folge eines Vitamin-D-Mangels sein. Ein Zuviel kann zu Kalkablagerungen in den Organen, zu Durchfall und Harnvergiftungen führen.

Vitamin D ist in Eigelb, fetthaltigen Samen, in Lebertran und Futtertieren enthalten, als Provitamin auch in grünen Pflanzen. Wenn Ihre Prachtfinken direktes Sonnenlicht abbekommen, dann brauchen sie keine Vitamin-D-Gaben. Auch bei Leuchtstoffröhren mit UV-Lichtanteil und Bestrahlungen mit der Ultra-Vitalux-Lampe wird es keinen Mangel an Vitamin D geben.

Vitamin E, auch Fruchtbarkeitsvitamin genannt, regt zur Bildung von Ei- und Samenzellen an, gewährleistet die Befruchtung der Eier und die Entwicklung der Jungen. Durch Vitamin E werden die Körperzellen geschützt und der Kohlenhydrat-Stoffwechsel angeregt. Bei einem Mangel kann es zu Unfruchtbarkeit, Absterben der Embryonen, schlechtem Bruttrieb und sogar zu Krämpfen und Lähmungen kommen.

Das Vitamin E ist in Eigelb, Weizenkeimflocken, Weizenkeimöl, Keimfutter, Spinat, Kopfsalat, Honigmelonen und Fenchel enthalten, in kleinen Mengen auch in anderem Grünfutter. Das fettlösliche Vitamin E hielt man bis vor kurzem für völlig unschädlich, doch ist man heute anderer Meinung. Geben Sie also auch von diesem Vitamin nicht zu viel.

An **Mineralstoffen** darf es den Prachtfinken nie mangeln. Sie sind genauso wichtig wie die Vitamine, wenn sie auch andere Aufgaben zu erfüllen haben. Der osmotische Druck in den Körperzellen wird durch sie reguliert. Nur so können Nährstoffe und Abbauprodukte durch die Zellwände hindurchtreten. Der Aufbau der Knochen wird durch Kalzium und Phosphor gewährleistet. Diese und andere Mineralstoffe wie Natrium, Kalium, Magnesium und Eisen sowie eine Anzahl von Spurenelementen sind an allen Stoffwechselvorgängen im Körper beteiligt. Der Vogel braucht große Reserven an Mineralstoffen (er lagert sie in den Knochen ab), um während der Mauser sein gesamtes Gefieder wechseln zu können und benötigt sie in Steinchenform zum Zerkleinern der Körner in seinem Muskelmagen.

Mineralstoffe und Spurenelemente können den Prachtfinken in verschiedener Form zugeführt werden. Da sind die schon erwähnten kleinen Steinchen, im Handel als Vogelgrit bekannt, unter denen sich auch Muschelstücke und Vogelkohle befinden. Diese Steinchen werden von allen Prachtfinken sehr gerne aufgenommen.

Fast noch lieber mögen die Vögel die zerkleinerten Schalen gekochter Hühnereier. Sie können ihnen also die Schalen Ihres Frühstückseies geben, aber auch die beim Backen und Kochen anfallenden Eierschalen. Diese sollten kurz im Backofen erhitzt werden, damit evtl. vorhandene Krankheitserreger von den Hühnern abgetötet werden.

An Kalksteine und Sepiaschalen gehen manche Prachtfinken gerne, andere überhaupt nicht. Ein nicht zu harter Taubenstein ist ihnen dann schon lieber. An ihm wird mit Begeisterung herumgenagt – und damit gleich der Schnabel in Form gehalten und gepflegt.

Auch Heilerde, in einem kleinen Extranapf gereicht, kann für Ihre Prachtfinken interessant – und vor allem gesund – sein. Besonders Vögel mit einer Darminfektion nehmen oft schnabelweise von der Heilerde, die Magen und Darm zu entgiften vermag.

Trink- und Badewasser

Täglich sollten Sie das Trinkwasser für Ihre Prachtfinken wechseln. Geben Sie aber nicht einfach Wasser frisch aus der Leitung. Dieses ist meistens chlorhaltig und auch nicht frei von anderen Schadstoffen wie Nitrit, Nitrat, Phosphaten, Blei, Kadmium, Chlorkohlenwasserstoffen. Der empfindliche Organismus dieser kleinen Vögel reagiert sehr bald auf diese Verunreinigungen mit Lustlosigkeit, Darmerkrankungen und Stoffwechselstörungen. Es ist darum nötig, nicht nur für gutes Futter zu sorgen, sondern auch für einwandfreies Trinkwasser.

Ist bei Ihnen das Leitungswasser von sehr guter Qualität, dann sollten Sie es wenigstens über Nacht abstehen lassen oder abkochen. Sonst verzichten Sie lieber ganz darauf, Leitungswasser zu geben. Stattdessen wäre ein kohlensäurefreies Mineralwasser zu reichen. Achten Sie aber auch darauf, dass es sehr natriumarm ist. Natrium, also Salz, ist für den Vogelorganismus nicht verträglich.

Eine andere Möglichkeit, zu reinem Wasser für Ihre Prachtfinken zu kommen, ist die Filterung. Heute gibt es schon sehr gute Filter, die dem Leitungswasser die Schadstoffe entziehen. Dieses gefilterte Wasser sollten Sie nicht nur in den Trinknäpfen oder Röhrchen anbieten, sondern auch in den Badegefäßen. Die Prachtfinken

trinken nämlich zuerst immer, bevor sie in dem Wasser baden. Manche trinken immer aus dem Badehäuschen. Darum sollten Sie auch das Badewasser täglich erneuern. Zu leicht reichert es sich sonst mit Bakterien an.

Noch ein paar wichtige Fütterungstipps

Mit diesem umfangreichen Ernährungskapitel wollte ich Ihnen zeigen, dass Sie Ihren Prachtfinken mehr bieten können und sollten, als nur das trockene Körnerfutter. Zwar ist dies „das tägliche Brot" für die Vögel, doch wenn sie ausschließlich damit gefüttert werden, macht sich das früher oder später in nachlassender Lebenslust und Gesundheit bemerkbar. Nur mit dem trockenen Körnerfutter wird kaum eine Art brüten und Junge aufziehen.

Geben Sie den Prachtfinken also immer wieder etwas Neues an Grünfutter, Obst oder Gemüse. Ein Zweig mit Blattläusen, ein paar frische Ameisenpuppen oder sonst etwas an tierischer Nahrung wird ebenso begeistert aufgenommen.

Wo das Trinkwasser sehr jodarm ist, sollten Sie hin und wieder jodhaltiges Wellensittichfutter geben. Es wird von den Vögeln gern genommen; wahrscheinlich spüren sie instinktiv dessen gesundheitsfördernde Wirkung.

Wenn Sie Ihre Prachtfinken für ein verlängertes Wochenende mal allein lassen, sollten Sie die Futter- und Trinknäpfe in doppelter Zahl gefüllt in den Käfig geben. Das ist sehr wichtig, denn das Futter kann durch leere

Spelzen zugedeckt sein. Prachtfinken wühlen nicht mit dem Schnabel im Futter, sondern könnten am vollen Napf verhungern. Darum sollten Sie auch mehrere Wellensittich-Knabberstangen im Käfig aufhängen, bevor Sie die Vögel für ein paar Tage allein lassen. Es darf auch Kolbenhirse sein, doch wird diese sofort von den Vögeln leer gefressen. Dadurch erfüllt sie nicht den Zweck einer eisernen Ration, wie das die Knabberstangen wirklich sind.

Achten Sie beim Kauf von Prachtfinkenfutter in Packungen auf das Abpack- und Verfallsdatum! In manchen Geschäften steht gerade das Exotenfutter länger als ein Jahr im Regal. Dann hat es sicherlich nicht mehr den erforderlichen Gehalt an Nähr- und Vitalstoffen. Auch wenn Sie größere Futtermengen lose kaufen, nehmen Sie lieber etwas weniger als zu viel.

Das Futter soll ja nicht alt werden. Es lagert auch fachgerechter beim Importeur als bei Ihnen.

Manche Prachtfinken sind äußerst farbenprächtig. Um diese Farben auch bei der nächsten Mauser bilden zu können, sind Grünfutter, Obst und Mineralstoffe ausreichend, wenn sie das ganze Jahr über gegeben werden.

Auch Sonnenlicht oder wenigstens Tageslichtersatz (geeignete Leuchtstoffröhren) sind für die Farbenbildung nötig. Geben Sie den Vögeln jedoch keine künstlichen Farbstoffe oder Farbfutter und keine Zusätze zum Trinkwasser. Es werden zwar entsprechende Präparate angeboten und deren Unschädlichkeit wird beteuert, doch gerade bei Prachtfinken sind Leberschädigungen zu erwarten. Bei natürlicher, vielseitiger Ernährung werden die Vögel auch nach der Mauser in ihren schönsten Farben erstrahlen.

Wenn Ihre Prachtfinken brüten wollen

Voraussetzungen für die Brut

Wenn Sie Ihre Prachtfinken artgerecht untergebracht, richtig ernährt und gepflegt haben, dann werden sie in den meisten Fällen brüten wollen. Stehen ihnen Nester und Nistmaterial zur Verfügung, dann werden sie ganz ohne Ihr Zutun Eier legen und brüten. Manche Arten bringen sogar ihre Jungen groß, ohne dass Sie dafür etwas tun. Ja, es ist schon vorgekommen, dass Junge ausgeflogen sind, von denen der Besitzer gar nichts ahnte.

Prachtfinken sind sehr frühreif, manche Arten würden schon mit 4–5 Monaten Eier legen und Junge aufziehen. Doch oft gehen solche Bruten schief, weil die Vögel noch nicht richtig erwachsen sind. Auch Legenot ist bei so jungen Weibchen sehr häufig. Darum sollten Sie jungen Prachtfinken erst im Alter von 10–12 Monaten Brutmöglichkeiten bieten.

Der Zuchtkäfig für ein einzelnes Paar sollte 80–100 cm lang, 60–80 cm hoch und 40–50 cm tief sein. In einem solchen Käfig lassen sich viele Prachtfinkenarten züchten, sofern das Paar alleine darin untergebracht und der Käfig nach den Bedürfnissen der Art ausgestattet wird. Viele Prachtfinken brüten allerdings lieber in Gesellschaft anderer oder sogar artgleicher Vögel. Dafür ist eine geräumige Voliere erforderlich, in der jedem Paar etwa ein Kubikmeter Rauminhalt zugestanden werden sollte.

Wenn Sie mehrere Vögel der gleichen Art haben, sollten Sie sich die Paare selbst finden lassen. Sonst kann es vorkommen, dass sich die Partner nicht sympathisch sind und ein Zuchterfolg ausbleibt. Oft merken wir gar nicht, dass die Vögel kein harmonierendes Zuchtpaar sind. Nur wenn sie mit weiteren Artgenossen zusammen untergebracht sind, werden wir das bald merken. Sind alle Vögel mit Farbringen gekennzeichnet, können Sie sie genau unterscheiden.

Jedem Zuchtpaar, ob alleine in einem Käfig oder zusammen mit anderen in einer Voliere, geben Sie wenigstens zwei Nistgelegenheiten verschiedener Art zur Auswahl. Dann gibt es unter den Volierenbewohnern wenigstens keinen Streit. Die einen mögen lieber Nistkörbchen aus Peddigrohr oder aus Drahtgeflecht, die anderen halb offene Kästen aus Holz oder gar Wellensittich-Nistkästen im Querformat. Die Körbchen können mit Douglastannengrün verkleidet werden, wodurch sich scheuere Arten gleich viel sicherer fühlen. Flache Kanariennistkörbchen können als Unterlagen in dichtes Gebüsch gebunden werden. Dann haben die Prachtfinken, die gerne frei stehend bauen, eine feste Unterlage für ihr oftmals zu leicht gebautes Nest.

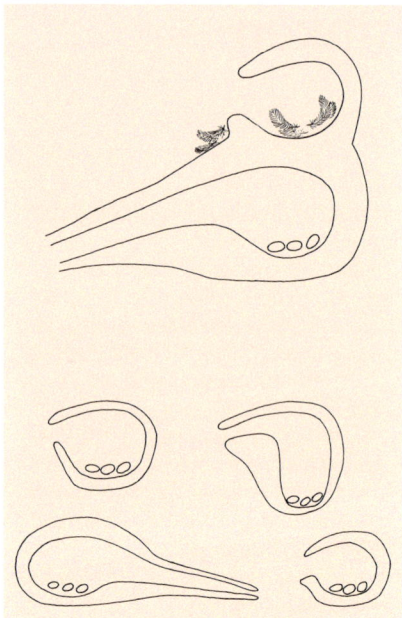

Querschnitt verschiedener Prachtfinken-nester. Oben: Das Nest eines Zügelastrilds, auf das ein so genanntes Hahnennest gebaut wurde. Es soll Feinde vom eigentlichen Nest ablenken, vor allem Schlangen.

An Nistmaterial sollten Sie den Vögeln die verschiedensten frischen und trockenen Gräser geben, Sisal- und Kokosfasern, Moos, Federchen und Scharpie. Manche Arten nehmen von allem etwas, andere verarbeiten nur eine Sorte. Auch wird von einigen das Nest ausgepolstert, von anderen überhaupt nicht. Stellen Sie den Vögeln also vor der ersten Brut viele verschiedene Niststoffe zur Verfügung. Dann sehen Sie, was von ihnen bevorzugt wird.

Balz und Nestbau

Wenn die Prachtfinken in Brutstimmung kommen, beginnen sie ein Nest zu bauen und zu balzen. Der Nestbau kann eine Woche oder nur 2–3 Tage dauern. Dabei schleppt vor allem das Männchen das Nistmaterial zum Nistplatz, während das Weibchen es zu einem Nest verarbeitet. Dieses kann je nach Art sehr fest, dickwandig und kunstvoll oder auch locker und unordentlich werden.

Von manchen Arten wird das Nistmaterial bündelweise in den Schnabel genommen und zum Nest getragen, von anderen Arten Halm für Halm. Oft wird auch nur ein Grashalm in den Schnabel genommen und mit ihm die so genannte Halmbalz vorgetragen. Dabei hebt das Männchen den Schnabel nach oben, reckt sich und hüpft auf seinem Zweig auf und ab, oftmals auch singend und hält dabei den Halm am Ende.

Es gibt sehr unterschiedliche Balzgebaren unter Prachtfinken. Manche Männchen plustern sich auf und drehen sich hin und her, während sie ihr Weibchen ansingen. Andere Paare hüpfen umeinander, wieder andere verbeugen sich voreinander oder schütteln den Kopf hin und her. Auch wildes Jagen gibt es, vor allem bei den Papageiamadinen.

Nistmaterial umhertragen und immer wieder zum Nest fliegen sind ebenso Einstimmung zur Brut wie Nestlockrufe und längeres „Probesitzen" im Nest. Die Paarung findet bei den meisten Prachtfinken nach einer Balz auf einem Zweig statt. Andere Arten suchen dafür das Nest auf. Da-

Nistgelegenheiten: a) großer Kasten mit Einschlupfloch, b) halb offener Kasten, c) Kasten im Hochformat mit ovalem Einschlupf, d) Kasten aus Korkeichenrinde, e) geflochtenes Körbchen, f) flaches Nistkörbchen mit Kontrollklappe.

nach bringt das Männchen häufig einen Halm als „Geschenk" zum Nest.

Das Nest wird von vielen Prachtfinken weitergebaut, auch wenn es fertig zu sein scheint und das erste Ei schon gelegt ist.

Eiablage und Brut

Prachtfinken legen meistens 3–4 Tage nach der ersten Paarung das erste Ei, danach jeden Tag ein weiteres. Vollständige Gelege bestehen meistens aus 4–6 Eiern. Es können auch nur 2 oder sogar 9 Eier sein. Das liegt zum Teil an den Vogelarten, zum Teil am Alter des Weibchens.

Die Brutdauer beträgt bei der Mehrzahl der Prachtfinken 13–14 Tage. Je nach Art dauert es auch 11 oder sogar 16 Tage, bis die Jungen schlüpfen. Durch kaltes Wetter und häufige Störungen am Nest kann das Schlüpfen der Jungen um weitere Tage verzögert werden.

Normalerweise brüten Prachtfinken sehr fest. Sie fühlen sich in ihrem überdachten Nest sicher und lassen sich nicht leicht stören. Männchen und Weibchen wechseln sich bei der Brut ab. Nachts brütet das Weibchen, am Tage zeitweise das Männchen. Oft schlüpft das Männchen ins Nest, während das Weibchen brütet. Meistens wartet es jedoch am Eingang, lässt einen Nestlockruf hören und schlüpft erst ins Nest, wenn das Weibchen es verlassen hat.

Je länger die Brut dauert, desto intensiver brüten die Vögel, oft sogar gemeinsam.

Gouldamadinen bei der Balz: a) Männchen beim hüpfenden Tanz, b) beim schnellen Kopfschütteln.

Schlupf und Nestlingszeit

Da die Prachtfinken in der Regel erst fest zu brüten beginnen, wenn das Gelege vollständig ist, schlüpfen die Jungen alle am gleichen Tag oder mit nur einem oder zwei Tagen Abstand. Die Jungen vieler Arten sind völlig nackt und von rosiger Farbe. Manche haben dunkle Haut, einige haben auf der Oberseite mehr oder weniger Dunen.

Während der ersten 7–10 Tage sitzt ständig einer der Eltern auf den Jungen und wärmt sie. Danach können sie die Wärme schon selbst halten und sich gegenseitig wärmen, da ihnen schon die ersten Federn wachsen. Mit etwa einer Woche öffnen sie die Augen. Bald danach sitzen sie alle nebeneinander, mit den Schnäbeln in Richtung Einschlupf, weil ihnen von dort Futter gebracht wird.

Waren die Nestlinge mancher Arten an den ersten Tagen kaum oder gar nicht zu hören, so betteln sie von nun an immer lauter. Ihre Federn sprießen und mit 16–18 Tagen bedeckt ihr Gefieder sie schon ganz. Manche Arten sind schon mit 18–20 Tagen flügge, die meisten mit 22 Tagen und einige brauchen noch 2–3 Tage mehr. Dann sind sie fast immer gut flugfähig. Interessant ist, dass die Nestlinge schon bald nach dem Öffnen der Augen vor der Hand zurückweichen, also auch schon ihre Eltern optisch erkennen. Solange die Augen noch geschlossen sind, beginnen sie zu betteln, wenn ein Finger sie berührt.

Da die Prachtfinken ihre Nester nicht sauber halten und die Jungen sich an den Nestwänden hochschieben, um dort den Kot abzusetzen, wirken diese bald wie auszementiert, sind sie doch hart und trocken. Ein zweites Mal wird das Nest von den Eltern nicht benutzt, sondern ein neues gebaut. Nur einige Höhlenbrüter kleiden das alte Nest mit frischem Nistmaterial aus, um darin wieder zu brüten.

Schwarzschwanz-Schönbürzel bei der Halmbalz, bei der er langsam die Beine streckt und wieder beugt.

Jungvögel betteln den herannahenden Vater um Futter an.

Nach dem Flüggewerden

Haben die Jungvögel das Nest verlassen, dann können sie zwar fliegen, aber noch keine Nahrung selbstständig aufnehmen. Sie werden von den Eltern fürsorglich gefüttert, mehr vom Vater als von der Mutter, weil diese oft schon Vorbereitungen für die nächste Brut trifft. Nach und nach lernen die Jungen, Futter selbst aufzunehmen. Zuerst sieht das nur wie Spielerei aus, ist aber ernsthaftes Bemühen und gelingt von Tag zu Tag auch besser. Im gleichen Maße lässt das Füttern durch die Eltern nach. Auf diese Weise werden die jungen Prachtfinken innerhalb 2–3 Wochen futterfest.

Nachdem sie erstmals das Nest verlassen haben, kehren die Jungen der meisten Arten schnell wieder zurück, eifrig von den Eltern gelockt. Von Tag zu Tag werden die Ausflüge länger und schließlich sind sie tagsüber ständig außerhalb des Nests. Für die Nacht suchen sie es jedoch immer wieder auf. Man bezeichnet solche Jungvögel als so genannte Nestschläfer. Sie teilen das Nest mit den Eltern oder übernachten bald in einem anderen. Meistens werden sie von den Altvögeln vom gemeinsamen Nest nach dem Selbstständigwerden weggebissen. Die Jungen der so genannten Astschläfer – auch diese gibt es unter den Prachtfinken – kehren entweder überhaupt nicht mehr ins Nest zurück oder nur für die ersten 2–3 Nächte. Dann schlafen sie auf einem Zweig oft zwischen den Eltern.

Mit dem Selbstständigwerden der Jungen lockern sich die Bande, so dass die Prachtfinkenfamilie nach 2–3 Wochen auseinander fällt. Die Jungen bilden einen Flug, oft mit den Jungen anderer Paare zusammen. Bevor sie so weit sind, haben sie von den Eltern gelernt, auf Feinde zu achten. Bei

Die junge Binsenamadine, etwa drei Monate alt, hat mit der Mauser angefangen, die rund sechs Wochen dauert.

manchen Arten bleiben die Vögel ständig mit den Eltern zusammen. Die Vögel bilden dann so genannte Familienverbände.

Im Laufe der nächsten 2–4 Monate nach dem Ausfliegen mausern die meisten Jungvögel, um danach wie ihre Eltern auszusehen. Das ist eine anstrengende Zeit, in der es leicht zu Krankheit und Tod kommt. Besonders sorgfältige Fütterung, viel Licht und Sonne (oder Sonnenersatz) und- Wärme sind erforderlich, damit eine Jugendmauser reibungslos abläuft.

Krankheitsvorsorge

Wie beuge ich Krankheiten vor?

Füttern und pflegen Sie Ihre Prachtfinken stets sorgfältig. Schützen Sie sie vor großen Temperaturschwankungen, vor Tabakrauch und Aufregungen. Sorgen Sie beim Käfig und Zubehör dafür, dass möglichst keine Unfälle und Verletzungen passieren können. Wer stets ein wachsames Auge für die Vögel hat, merkt sofort, wenn etwas nicht stimmt. Meistens ist das frühe Erkennen einer Unpässlichkeit das beste Vorbeugungsmittel gegen Erkrankungen. Sollte es doch einmal zu einer Krankheit kommen, die Sie nicht deuten und behandeln können, dann zögern Sie nicht lange mit dem Besuch beim Tierarzt. Dieser muss sich mit den Krankheiten so kleiner Vögel gut auskennen, soll Hilfe nicht zu spät kommen oder überhaupt möglich sein.

Das Erkennen der häufigsten Krankheiten

Augenentzündungen

Fast immer ist eine Augenerkrankung eine Bindehautentzündung. Diese entsteht häufig durch Zugluft, Tabakrauch, Kochdämpfe, Pflanzensprays. Viren oder Bakterien kommen hinzu, so dass eine aussichtsreiche Behandlung meistens nur mit einer Antibiotikum-Augensalbe möglich ist, die der Tierarzt verschreibt.

Leider werden solche Entzündungen durch das Reiben der Augen an der Sitzstange, durch Sand und Futterspelzen oft verschlimmert. Dann bringt vorsichtiges Ausspülen mit Kamillelösung oder Borwasser Linderung. Notfalls ist der erkrankte Vogel in einen kleinen Käfig ohne Sitzstangen und ohne Sand zu setzen. Der Boden sollte dann mit Haushaltspapier oder Pappe ausgelegt werden.

Blutende Wunden

Es kann vorkommen, dass sich ein Prachtfink eine Platz- oder Risswunde zuzieht. Durch scharfe Gitterteile am Käfig, durch unverträgliche Mitbewohner, durch panikartiges Flattern gegen Wände und Scheiben sind stark blutende Wunden möglich. Sind diese klein, legt man etwa eine Minute lang Eisenchloridwatte oder Puderzucker auf. Die Blutung lässt dann sofort nach.

Eine größere Wunde, vor allem auf dem Scheitel, sollte ein Tierarzt vorsichtig nähen. Sonst kann der Vogel zeitlebens eine Glatze behalten. Kleine Wunden heilen gut und schnell. Vorsichtshalber wird der Vogel in einen kleinen Käfig gesetzt, in dem nicht Sand, sondern Haushaltspapier oder Pappe als Bodenbelag dient. So bleibt die zuerst feuchte Wunde sauber.

Knochenbrüche

Prachtfinken sind zarte, zierliche Vögel. Ihre Knochen, besonders die der Flügel, sind sehr dünn und zerbrechlich. Darum sind Flügelbrüche auch am häufigsten. Es kann bereits zu einem Bruch kommen, wenn der Vogel sich aus der Hand zu befreien versucht und etwas zu lose gehalten wurde. Auch beim Hängenbleiben mit dem Flügel oder einem Fuß an Gitterteilen, die nicht einwandfrei sind, kommt es leicht zu einem Bruch.

Ist ein Flügel gebrochen, kann er sehr stark herabhängen oder in einer unnatürlichen Weise abstehen. In einem solchen Fall ist ein Geraderücken und Fixieren durch den Tierarzt notwendig, soll der Vogel wieder flugfähig werden. Dafür wird oft Klebeband verwendet. Das kostet den Vogel beim Abnehmen zwar einige Federchen, ein solcher Verband sitzt aber fest. Manche Flügelbrüche sind so leicht, dass sie ohne Schienung gut zusammenheilen. Wichtig ist, den Vogel in einen kleinen Käfig ohne Sitzstangen umzusetzen, bis der Bruch ausgeheilt ist. Das geht bei Prachtfinken sehr schnell. Meistens kann der gebrochene Flügel schon nach 2 Wochen wieder belastet werden.

Einen gebrochenen Fuß werden Sie fast immer schienen müssen. Bei Prachtfinken mit ihren dünnen Knochen eignet sich dafür ein Strohhalm oder ein Plastik-Trinkhalm, der der Länge nach aufgeschnitten wird. Dieser kann mit Nähgarn umwickelt oder Klebeband umgeben werden, aber nicht zu fest.

Trauen Sie sich nicht zu, einen Bruch zu schienen, dann sollten Sie mit dem Vogel zum Tierarzt gehen. Er wird das fachmännisch erledigen. Erwarten Sie in keinem Fall eine hundertprozentige Wiederherstellung. Oft wird der Vogel etwas flugbehindert bleiben oder den einen Fuß nicht ganz gerade stellen können. Das behindert ihn jedoch bald nicht mehr.

Nur in ganz seltenen Fällen von komplizierten Knochenbrüchen wird der Tierarzt zum Einschläfern des Vogels raten.

Zu lange Krallen

Bei vielen Prachtfinken wachsen die Krallen schnell und werden sehr lang, wenn sie sich nicht auf natürliche Weise abnutzen können. Das Kürzen können Sie selbst mit einer Nagelzange oder einem Nagelclip vornehmen. Bleiben Sie dabei etwa 2 mm von den Blutgefäßen und Nervenenden entfernt, denn sonst kann es dem Vogel sehr weh tun und auch heftig bluten. In einem solchen Falle hilft das Betupfen mit Eisenchloridwatte oder Puderzucker. Das Bluten kommt dann sofort zum Stillstand. Wenn Sie sich das Krallenschneiden nicht zutrauen, wird der Tierarzt, Ihr Zoohändler oder ein befreundeter Vogelzüchter das für Sie tun.

Manchmal wächst auch die Schnabelspitze zu lang. In den meisten Fällen nutzt oder bricht sie auf natürliche Weise ab. Sonst wird sie ganz vorsichtig gekürzt.

Kahle Stellen im Gefieder

Für kahle Stellen gibt es verschiedene Gründe. Zum Einen ist übermäßiges gegenseitiges Kraulen dafür verantwortlich. Dies fängt oft bei zu beeng-

Kranke Prachtfinken erkennt man daran, dass sie aufgeplustert herumsitzen und die Augen halb geschlossen halten.

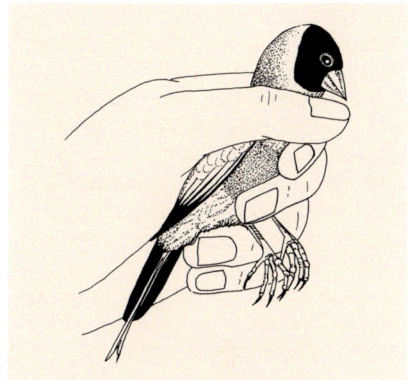

So hält man den Vogel beim Krallen-schneiden richtig in der Hand.

ter Unterbringung an und kann zur Angewohnheit werden. Es sind meistens nur einzelne Vögel, die anderen die Federn am Kinn, an den Wangen und im Nacken auszupfen. Hilft es nichts, ihnen mit Nistmaterial Beschäftigung zu bieten, dann müssen die Rupfer aus der Gesellschaft entfernt und getrennt untergebracht werden. Die berupften Opfer sind kein schöner Anblick, doch sie können vielleicht gut für die Zucht sein. Solche Vögel bekommen bald wieder ein tadelloses Federkleid, wenn sie in Ruhe gelassen werden.

Durch Ungeziefer kann es ebenfalls zu kahlen Stellen kommen. Meistens sind es Federlinge oder Grabmilben, die sich an den Federn oder deren Wurzeln einnisten. Auch bei Luftsack-milben-Befall kommt es im Nacken- und Ohrbereich zum Ausfall der Federn. Alle Mittel, die ich anschließend im Abschnitt „Ungeziefer" zur Bekämpfung angeführt habe, können auch bei kahlen Stellen helfen.

Schließlich kann es zu Gefiederschäden kommen, wenn Mangel an Mineralstoffen und/oder Vitaminen herrscht. Es sollte eine ausreichende Versorgung mit diesen Vitalstoffen ge-

währleistet werden und zwar das ganze Jahr über. Genaueres ist im Kapitel „Vitamine und Mineralstoffe" nachzulesen.

Ungeziefer

Rote Vogelmilben. Am häufigsten werden Prachtfinken von diesem Ungeziefer geplagt. Ihr Vorhandensein bemerken Sie an der nächtlichen Unruhe Ihrer Vögel, am vielen Kratzen, Gefiederschütteln und Herumstochern im Gefieder. Auch werden Sie in den Ritzen und Winkeln von Käfig und Voliere winzige dunkle Punkte erkennen. Mit der Lupen sehen Sie, dass es Vogelmilben sind. Wenn sie sich mit Vogelblut vollgesogen haben, sehen sie rotbraun aus, sonst pergamentfarben. Vor allem nachts sind sie aktiv und saugen den schlafenden und brütenden Vögeln, auch den Nestlingen, Blut ab. Die Vögel werden blutarm und gehen geschwächt ein, wenn nichts gegen die Milben unternommen wird. Auch seuchenartige Krankheiten können durch die Milben übertragen werden.

Grabmilben leben von Keratin, das sind Eiweiße in den Hornteilen der Vögel. Bei Prachtfinken werden die Schnabelwinkel, die Augenumgebung und die Füße befallen. Schorfartige Krusten zeigen sich an diesen Stellen. Die Hornschuppen an den Füßen stehen bald ab und sehen grau und krustig aus. Die Vögel leiden unter Juckreiz und die Hornteile, an denen es sogar zu Wucherungen kommen kann, werden spröde und sogar brüchig.

Federlinge halten sich im Gefieder der Vögel auf und ernähren sich von Federteilen. Durch sie wird das Federkleid zerfranst und stumpf. Im Nacken kann es zu kahlen Stellen kommen. Federlinge verursachen den Vögeln Juckreiz. Ihre Eipakete legen die Federlinge rund um die Federschäfte ab. Die Eier wie auch die Federlinge selbst sind mit dem bloßen Auge erkennbar.

Luftsackmilben sind vor allem bei der Gouldamadine häufig. Aber auch andere Prachtfinken werden häufig durch Direktkontakt von Vogel zu Vogel von diesen Milben befallen. Wenn Sie mit Luftsackmilben noch keine Erfahrung haben, werden Sie annehmen, die Vögel hätten eine Erkältung, denn Niesen, Husten, fiepende Geräusche, Stimmverlust und Atembeschwerden sind die Symptome. Natürlich nützt eine Behandlung gegen Erkältung nichts und der Zustand der Vögel verschlechtert sich weiter. Selbst viele Tierärzte erkennen die eigentliche Ursache nicht und behandeln die Vögel falsch. So kann es schließlich zu

schweren Störungen des Allgemeinbefindens und zum Tod kommen. Bis dahin quälen sich die Vögel unnötig, zumal die Bekämpfung der Luftsackmilben einfach ist.

Gegen Luftsackmilben, aber auch gegen das übrige Ungeziefer gibt es einige sehr gut wirkende Mittel. Als Erstes möchte ich Strips mit dem Wirkstoff Dichlorvos nennen. Werden diese in der richtigen Menge und Größe (sie richtet sich nach Kubikmeterzahl des Raumes) aufgehängt, dann ist alles Ungeziefer innerhalb weniger Stunden abgetötet, auch die Luftsackmilben, denn die Vögel atmen die von den Strips abgegebenen Gase ein. Wird mehrmals täglich gelüftet, sind die Strips keine Gefahr für Tiere und Menschen. Sie sollten trotzdem nur etwa 2 Tage hängen und dann wieder luftdicht (in die Originaltüte) verpackt werden. Nach etwa 2 Wochen werden sie dann für weitere 2 Tage angewandt, damit auch die Milben vernichtet werden, die die erste Aktion noch als Eier überlebt haben.

Eine andere Methode ist, die Vögel mit einem für sie verträglichen Spray zu besprühen. Äußere Parasiten und auch Luftsackmilben werden durch die nebelartigen Tröpfchen abgetötet. Alkoholanteile in den Mitteln lösen ein Augenkneifen bei den Vögeln aus. Das gibt sich aber nach wenigen Minuten. Die Behandlung sollte ebenfalls nach 14 Tagen wiederholt werden.

Gegen die Luftsackmilben gibt es noch eine dritte Behandlungsmöglichkeit. Dazu wird die ungiftige und jahrelang haltbare Ivomec-Propylenglykol-Lösung benötigt, die bei jedem Tierarzt zu bekommen ist. Es werden

1–2 Tropfen dieser Lösung auf eine kahle Stelle im Schulterbereich oder unter einen Flügel geträufelt. Das Mittel zieht in die Haut ein und tötet alle Luftsackmilben ab. Die Behandlung sollte dreimal mit wöchentlichem Abstand durchgeführt werden, danach monatlich, bis keine Symptome mehr zu bemerken sind.

Durchfall

Zu Durchfall kann es bei Prachtfinken sehr leicht kommen. Auf jeden Fall ist Durchfall ernst zu nehmen. Er kann durch falsches oder verdorbenes Futter, durch Zugluft, plötzlichen Temperaturabfall, aber auch durch Aufregung entstehen. In letzterem Falle gibt er sich schnell wieder, sobald sich die Vögel beruhigt haben.

Sonst ist natürlich als Erstes die Ursache zu ergründen und abzustellen. Oft ist Keimfutter nicht ganz sorgfältig zubereitet und faulig geworden. Das riechen Sie aber und sollten es wegschütten. Zu starke Temperaturschwankungen und Zugluft lassen sich ebenfalls leicht feststellen. Manchmal stehen Sie aber vor einem Rätsel, wenn Sie den Grund für den Durchfall herausfinden wollen (s. auch Kapitel „Kokzidiose").

Zur Behandlung von Durchfall haben sich schwacher schwarzer Tee, Fenchel- und Pfefferminztee bewährt. Auch Wärme hilft und zwar am besten Dauerbestrahlung mit einem Infrarotlicht oder Elstein-Dunkelstrahler. Der Vogel sollte Wärme zwischen 30 und 35 °C erhalten. Doch darf nur ein Ende des Käfigs oder der Voliere bestrahlt werden, damit sich der kranke Vogel auch einen kühleren Platz suchen und der direkten Bestrahlung ausweichen kann. Während der Dauer des Durchfalls sollte tags wie nachts bestrahlt werden. Keimfutter, Grünfutter und Obst sind während der Krankheitsdauer abzusetzen. Bekommen Sie mit den genannten Hausmitteln den Durchfall nicht weg, dann müssen Sie einen Tierarzt konsultieren. Am besten nehmen Sie gleich eine Kotprobe der erkrankten Vögel mit.

Kokzidiose

Kokzidien sind mikroskopisch kleine Lebewesen, die ständig im Darm der Prachtfinken leben. Durch Mauser, Zucht und Stress geschwächte Vögel sind anfällig, so dass sich bei ihnen die Kokzidien plötzlich stark vermehren und zur Erkrankung führen. Auch werden dann leicht die Mitbewohner angesteckt, so dass eine seuchenartige Infektion entsteht, von der oft der ganze Bestand erfasst wird. So kommt es schnell zu größeren Verlusten. Vor allem die gerade selbstständig gewordenen Jungvögel fallen dieser Erkrankung zum Opfer, weil sie im Gegensatz zu den Altvögeln noch keine Abwehrstoffe bilden konnten.

Die Symptome der Kokzidiose sind schnelle Abmagerung, Durchfall, stark angeschwollener Leib, fiebriges, aufgeplustertes Herumsitzen, schließlich Krämpfe und Tod. Der Kot ist oftmals blutig, weil es in den stark verdickten Därmen zu Blutungen kommt.

Nur sofortige Konsultation eines Tierarztes und Behandlung der Vögel mit einem Sulfonamid nach seinen Vorschriften können helfen. Dazu wird ein Vitaminpräparat verabreicht. Alle Käfige, Geräte und Räume sollten gründlich desinfiziert werden. Ähnlich verläuft eine Salmonellose, gegen die jedoch andere Medikamente erforderlich sind. Darum ist bei ersten Anzeichen eine Kotuntersuchung erforderlich.

Legenot

Zu Legenot kommt es bei manchen Prachtfinken sehr leicht. Oft ist ein Weibchen noch zu jung, um das Ei ausstoßen zu können oder es kann auch in schwächlicher Verfassung sein oder bei plötzlichem Temperaturabfall eine verkrampfte Muskulatur haben.

Legenot erkennen Sie daran, dass das Weibchen aufgeplustert, ohne jedoch den Kopf ins Gefieder zu stecken, auf dem Boden des Käfigs oder der Voliere sitzt. Die Kloakenumgebung ist verdickt und oft gerötet. Das Ei können Sie erfühlen.

Ein Weibchen mit Legenot sollten Sie sofort mit Wärme behandeln, denn diese lockert die Muskeln. Infrarotbestrahlung bei maximal 35 °C lässt das Ei oft nach wenigen Minuten austreten. Das Einreiben der Kloakenumgebung mit lauwarmem Tafelöl und leichte, kreisende Bewegungen mit der Fingerkuppe um die Kloake helfen dem Vogel zu entspannen und das Ei zu legen. Das Weibchen kann auch in feuchtwarme Tücher gewickelt werden, so dass nur der Kopf herausschaut. Auch dann wird das Ei meistens sofort gelegt.

Manchmal kommt es auch zu schalenlosen Eiern, die ebenfalls schwer zu legen sind. Die Behandlung sollte wie oben vorgenommen werden. Da es sich dabei offensichtlich um einen Mangel an Kalk und anderen Mineral-

stoffen handelt, sollten diese Mineralien in Form von Vogelgrit, zerstoßenen Schalen gekochter Hühnereier, Vitakalk und Sepiaschale stets reichlich gegeben werden.

Leider gibt es auch Fälle von Legenot, in denen jede Hilfe vergebens ist. Trotz aller unserer Bemühungen geht das Weibchen unter Schmerzen innerhalb weniger Stunden ein. Oft tritt ein Fall von Legenot auf, wenn gerade niemand da ist, um helfen zu können.

Stockmauser

Auch die Stockmauser kommt häufig bei Prachtfinken vor. Durch Veränderungen der Haltungsbedingungen während der Mauser wird diese leicht unterbrochen und ins Stocken gebracht (daher auch die Bezeichnung). Das kann passieren, wenn der Vogel umgesetzt wird oder wenn sich die Temperatur und vor allem die Luftfeuchtigkeit im Raum ändern. Auch wenn geraucht wird, die Luft zu sauerstoffarm ist und das Licht nicht ausreicht, kann es zur Stockmauser kommen. Schließlich sind außer Mineralstoffen und Vitaminen auch Aminosäuren, Eiweiße und Fettsäuren während der Mauser in erhöhtem Maße erforderlich, also eine vielseitige Ernährung.

Ein sonst gesunder Vogel setzt nach Verbesserung der Bedingungen seine Mauser wieder fort. Ist er allerdings stoffwechselgestört, dann kann es sein, dass er nie ein ordentliches und vollständiges Gefieder zustande bringt.

Verhaltensweisen der Prachtfinken

Das Verhalten gegenüber Artgenossen

Prachtfinken sind gesellige Vögel. Die einen sind mit ihrem Partner zufrieden und bleiben gern paarweise für sich, die anderen benötigen für ihr Wohlbefinden außer dem Partner weitere Artgenossen, also einen kleinen oder größeren Schwarm. Selbst Vögel wie Gouldamadinen, die Abstand von den Artgenossen halten und auch den Partner nie kraulen, kommen täglich zusammen, um beieinander zu sitzen und sich gegenseitig beim Singen zuzuhören. Sie brüten auch gesellig, wenn sie im Allgemeinen auch einigen Abstand von Nest zu Nest dabei halten.

Die meisten Prachtfinken lieben die Nähe von Artgenossen, was aber nicht ausschließt, dass sich die Paare gegenseitig auch jagen und einen bevorzugten Nistplatz heftig verteidigen. Bei einigen Arten (Sonnenastrilde, Diamantfinken und einige andere) ist der Revieranspruch so groß, dass alle Artgenossen und verwandten Vögel heftig vertrieben werden.

Bleiben einige Prachtfinken strikt paarweise für sich, so finden sich viele doch wenigstens außerhalb der Brutzeit mit anderen zu einem Schwarm zusammen. Es gibt sogar ganz wenige, die nach der Aufzucht der Jungen nicht einmal den Partner in der Nähe

dulden, zum Beispiel das Sonnenastrilden-Männchen.

Auseinandersetzungen unter Prachtfinken sind meistens harmlos. Oft genügt schon das Androhen eines anderen Vogels, damit dieser das Weite sucht. Gedroht wird mit geschlossenem oder geöffnetem Schnabel, lautlos oder mit Wutzischen, mit angelegtem oder gesträubtem Gefieder.

Will der andere Vogel nicht weichen, kann sich ein Schnabelgefecht entwickeln. Dabei hacken die Kontrahenten mit den Schnabelspitzen gegeneinander. Oft geht das so lange, bis einer der Vögel weicht und dann oft vom Stärkeren verfolgt wird. Manchmal beruhigen sich die Gemüter aber wieder und die Vögel lassen voneinander ab. Bei Gouldamadinen und einigen anderen Prachtfinken ist das Schnabelgefecht als Schnabelflirt ein Ritual in der Anpaarungsphase. Dabei hacken sie ziemlich heftig gegenseitig auf die Schnabelspitzen ein. Es sieht wie ein Testen des zukünftigen Partners aus, ob er genügend Standfestigkeit besitzt. Dabei scheinen starke Weibchen ihre Männchen zu prüfen.

Schon deutlich aggressiver als das Schnabelgefecht ist der direkte Angriff eines Prachtfinken auf einen Artgenossen oder anderen Vogel. Er wird angegriffen, entweder gebissen oder mit den Füßen vom Sitzplatz gesto-

Die Lautsprache: Rufe und Gesang

Prachtfinken verfügen im Allgemeinen über mehrere verschiedene Rufe: Sie haben einen Lockruf, einen lauteren Distanzruf, mit dem sich die Partner wiederfinden, wenn sie außer Sichtweite voneinander sind oder wenn der Schwarm zusammengerufen wird. Sogar ein Nestlockruf ist vielen Arten zu eigen. Mit ihm lockt das Männchen sein Weibchen ins Nest.

Auch bei der Brutablösung ist dieser oder ein ähnlicher Laut zu hören.

Prachtfinken lassen auch leise wispernde oder zirpende Rufe hören, wenn sie im Schwarm oder als Paar unterwegs sind, etwa im Blatt- oder Grasgewirr. Dies sind die so genannten Stimmfühlungslaute. Sie dienen dem Zusammenhalt. Auch die lauteren Flugrufe sollen den einzelnen Vögeln Orientierung geben und Hilfe sein, beim Schwarm oder beim Partner zu bleiben und sich nicht zu verlieren.

Prachtfinken, die sich mit geöffnetem Schnabel bei einer Auseinandersetzung bedrohen.

ßen. Oft wird er anschließend verfolgt, was bis zur Erschöpfung des Opfers gehen kann. Es kann auch mit Beißen oder Hacken enden, was ausgerissene Federbüschel, Wunden oder gar den Tod zur Folge haben kann.

Damit es nicht zum Totbeißen kommt, verfügen einige Prachtfinken über Demutsgesten. Sie betteln den Angreifer wie Jungvögel mit drehenden Kopfbewegungen an, um ihn zu beschwichtigen. Andere halten ihm ihren Kopf zum Kraulen hin.

Über einen oder zwei Warnlaute verfügen die Prachtfinken, wobei ein Bodenfeind oft anders angekündigt wird als ein Greifvogel. Vor Wut können manche Prachtfinken einen zischenden Laut ausstoßen. Das geschieht meistens dann, wenn ein anderer Vogel ins Nest schaut.

Bei vielen Prachtfinken singt nur das Männchen. Bei einigen – etwa beim Tigerfink – ist auch das Weibchen dazu fähig. Der Gesang kann eine Aneinanderreihung von Lockrufen sein.

Beim Schnabelflirt wie auch beim Schnabelkampf hacken die Prachtfinken mit den Schnabelspitzen gegeneinander.

gibt es den ungerichteten Gesang. Dieser wird eigentlich nur aus Freude und zur Unterhaltung vorgetragen. Der Sänger selbst ist ganz vertieft in seinen Gesang und so sind es auch seine Zuhörer, meistens junge Männchen, die andächtig lauschen.

Die Körpersprache

Am auffälligsten zeigt sich die Körpersprache bei den Prachtfinken während der Balz. Manche plustern sich auf, um dick zu erscheinen, andere sträuben das Gefieder nur da, wo besonders bunte Gefiederpartien hervorgehoben werden sollen, wieder andere machen sich ganz lang und schlank. Es wird gehüpft, genickt, mit dem Kopf geschüttelt. Bei einigen Arten verbeugen sich die Partner voreinander, bei anderen tanzen sie umeinander. Vor der Paarung flirren die meisten Weibchen mit dem Schwanz auf und ab.

Er kann sich gequetscht, quäkend oder bauchrednerisch anhören. Recht hübsches Zwitschern und Flöten wird von vielen Arten darunter gemischt und manche haben es mit dem Gesang zu wahrer Meisterschaft gebracht, so der Dybowskis Tropfenastrild und der Granatastrild. Letzterer beherrscht sogar zwei verschiedene Gesänge, das Weibchen einen eigenen.

Das Weibchen herbeizulocken und in Brutstimmung zu bringen ist die wichtigste Aufgabe des Prachtfinkengesangs. Für die Revierverteidigung und -abgrenzung taugen die meisten Prachtfinkengesänge nichts, sind sie doch zu leise. Es wird häufig auch nur die Umgebung des Nests verteidigt, vor allem bei Schwarmvögeln. Einige sind da schon anspruchsvoller und jagen Rivalen fort. Diese singen meistens auch lauter.

Außer dem Balzgesang, bei dem das Weibchen direkt angesungen wird,

Körpersprache ist zu einem großen Teil das Betteln der Jungvögel. Schon die Rachenzeichnung, die Papillen oder Schnabelrandwülste sind eindeutige Signale für die Eltern. Dazu kommen die kreisenden Kopfbewegungen der Nestlinge beim Betteln um Futter. Einige Jungvögel heben beim Betteln einen Flügel an, andere, so die des Wachtelastrilds, schlagen dann sogar mit beiden Flügeln.

Zur Körpersprache zählen natürlich das Schwanzwippen oder seitwärtiges Schwanzausschlagen, das bei einer Reihe von Prachtfinken zu beobachten ist. Diese Schwanzbewegungen, ihre Häufigkeit und Intensität, sind gute

Ein Tigerfinken-Männchen a) beim unge-richteten Gesang und b) beim Balzgesang.

Das senkrechte Flirren mit dem Schwanz und die geduckte Haltung sind die Auffor-derung des Weibchens zur Begattung.

Stimmungsbarometer. Einige Gefieder-farben und Zeichnungen dienen ein-deutig als Signale. So wird das oft weiße oder rote Bürzelgefieder beim Wegfliegen gezeigt und ist für die Art-genossen Aufforderung, ebenfalls wegzufliegen und so vielleicht einem Feind zu entkommen.

Die gegenseitige Gefieder-pflege und das Kontaktsitzen

Viele Prachtfinken haben ihr ganzes Leben lang das Bedürfnis, eng anein-ander zu rücken und sich aneinander zu schmiegen. Das ist nicht unbedingt

Wärmebedürfnis, wenn es daraus auch hervorgegangen zu sein scheint. In ihrer Heimat können die Nächte bitterkalt werden, vor allem in den Steppen und im Hochland. Auch in unseren Volieren können wir beob-achten, dass der Wunsch, sich anzu-kuscheln, bei kälterem Wetter größer ist. Daraus hat sich bei vielen Arten ein starkes Bedürfnis nach Kontaktsit-zen entwickelt. Am stärksten ist die Bindung zwischen den Partnern eines Paares. Sie sitzen am häufigsten dicht nebeneinander. Doch wenn sich ein kleiner Schwarm auf einem Zweig niedergelassen hat, wechseln die Nachbarn beim Kontaktsitzen öfter ab. Manchmal geht es richtig reihum. Das gegenseitige Kraulen ist gegensei-tige Gefiederpflege. Es wird an den Stellen gekrault, an denen der Vogel selbst mit seinem Schnabel nicht hin-gelangt, also an Kopf, Nacken und Kehle. Bei dieser gegenseitigen Gefie-derpflege werden die Federn des Partners mit dem Schnabel geglättet und gereinigt. Die Fe-

Das gegenseitige Aneinanderschmiegen und Zusammenrücken ist typisch für Prachtfinken.

dern werden dabei durch den Schnabel gezogen, so wie das der sich putzende Vogel auch mit seinem eigenen Gefieder tut. Aber auch Hautschuppen und Fremdkörper werden herausgepickt.

Manchmal beginnt ein Vogel von sich aus, seinen Partner oder Sitznachbarn zu putzen, oft wird er aber dazu aufgefordert. Dann streckt dieser ihm die Gefiederpartie entgegen und stellt die Federn etwas ab. Der Kopf wird bei einer solchen Sitzung nach allen Seiten gedreht, die Kehle und der Nacken unter den lustigsten Verrenkungen hingehalten.

Zupft der Putzer mal zu heftig, wird ihm die Putzstelle entzogen, aber meistens nur kurz oder der zu heftig geputzte Vogel entfleucht seiner „Fürsorge". Bei manchen Vögeln ist der Putztrieb so sehr übersteigert, dass daraus ein Auszupfen der Federn und Kahlrupfen werden kann. Oft kommt es dazu, wenn die Vögel in zu engem Käfig unter Stress stehen.

Manche Prachtfinken kraulen nur den Partner, doch andere auch jeden Artgenossen, der neben ihnen zu sitzen kommt. Da manchmal mehrere Arten einen Schwarm bilden, kann es auch vorkommen, dass artfremde Vögel eine Gefiederpflege erhalten. In unseren Käfigen und Volieren können wir das oft beobachten.

Sonstige Verhaltensweisen

Prachtfinken nehmen ihre Körnernahrung zumeist vom Boden auf. Manche Arten hängen sich aber auch an Ris-

Bei gehaltenen Vögeln gibt es auch das Kraulen zwischen Individuen verschiedener Arten. Hier krault ein Schmetterlingsfinken-Männchen ein Goldbrüstchen.

Ein Tigerfinken-Männchen fordert sein Weibchen zum Kraulen auf.

Zum Schlafen legen Prachtfinken ihren Kopf in das Rückengefieder zwischen die Schultern.

Gouldamadine, Diamantamadine und Gelber Schilffink bei der Gefiederpflege.

pen, um an die Samen zu gelangen. Insekten werden von manchen Arten kaum, von anderen sehr zahlreich aufgenommen. Diese werden entweder vom Boden aufgelesen oder im Fluge gefangen. Ihr Inhalt wird mit dem Schnabel ausgequetscht, die harte Chitinhülle und die Flügel fallen gelassen.

Haben Prachtfinken Junge zu versorgen, dann transportieren die Eltern die Nahrung im Kropf, die dort vorgeweicht wird. Mit pumpenden Bewegungen wird die Nahrung in den Schlund der Jungen befördert. Diese halten dabei den Schnabel des Altvogels mit ihrem eigenen umklammert und zwar so fest, dass er sie regelrecht abschütteln muss. Manchmal wird ein

kleiner Nestling dabei sogar aus dem Nest befördert.

Während die meisten Prachtfinken so trinken wie andere Singvögel auch, also nach jedem Schluck den Kopf hochheben, haben viele in Australien lebende Arten das Saugtrinken gelernt. Dabei tauchen sie den Schnabel ins Wasser und saugen es schnell ein. Diese Art zu trinken hat sich bei ihnen entwickelt, weil an den Wasserstellen Gefahren in Form von Greifvögeln, Schlangen und Waranen auf sie lauern.

Werden Prachtfinken erschreckt, dann fliegen sie in ein Gebüsch und machen sich dort ganz schlank. Dieses Verhalten zeigen die Vögel vor allem dann, wenn ein Bussard hoch über der Voliere kreist oder ein anderer Greifvogel in der Nähe ist.

Prachtfinken schlafen wie andere Vögel auch, indem sie den Kopf ins Rückengefieder stecken und ihr Gefieder leicht sträuben. Durch viel Luft im Gefieder halten sie sich warm. Es gibt Prachtfinkenarten, die stets auf einem Zweig sitzend schlafen, aber auch welche, die für die Nacht in ein Nest schlüpfen. Ihre Geselligkeit gilt auch dann, denn mindestens paarweise schlafen sie in einem Nest, oft mit den flüggen Jungen zusammen oder sogar in einem kleinen Schwarm. Diese Vögel nennt man Nestschläfer, während man bei den anderen von Astschläfern spricht, wie Sie zuvor bereits erfahren haben.

Das Badebedürfnis ist bei den meisten Prachtfinken sehr groß. Die Vögel regen sich auch gegenseitig zum Baden an. Das können wir bei vielen Vögeln in einer Voliere beobachten. Steht nur ein Badehäuschen zur Verfügung, dann wollen alle zur gleichen Zeit baden und drängeln sich regelrecht, um dranzukommen. Manche Prachtfinken lassen sich allerdings lieber besprühen, als dass sie ins Wasser steigen. Es sind Arten, die aus wasserarmen Gebieten kommen. Dort haben sie nur die Möglichkeit, durch taunasses Gras zu schlüpfen, um ihr Gefieder zu durchnässen.

Mit einem Bad ist große Gefiederpflege angesagt. Dann wird jede größere Feder durch den Schnabel gezogen und geglättet. Die Federn auf Kopf und Nacken werden mit den Krallen bearbeitet, die kleineren Federn durch Gefiederschütteln in die richtige Lage gebracht.

Anatomie und Sinnesleistungen

Äußere und innere Merkmale

Prachtfinken sind Vögel zwischen 9 und 18 cm Länge. Sie besitzen ein schlichtes oder farbenprächtiges, oftmals buntes Gefieder. Es kann sehr verschieden gezeichnet sein, doch hat es nie eine Streifung wie das bei Webervögeln, Sperlingen und Finkenvögeln häufig der Fall ist. Während Finken neun Handschwingen besitzen, sind es bei den Prachtfinken zehn.

Der Schnabel der Prachtfinken ist je nach Art schlanker oder stumpfer, aber in jedem Fall ein Kegelschnabel, der für die Aufnahme von Körnern geeignet ist. Bei Arten wie dem Buntastrild und einigen anderen ist der Schnabel sehr schlank, fast wie ein Pfriemschnabel der Insektenfresser. Viele Prachtfinken haben einen sehr farbigen Schnabel, rot, gelb oder zweifarbig rot und schwarz. Bei Nonnen, Schilffinken und Bronzemännchen ist ein stahlblauer Schnabel üblich. Seltener ist der Schnabel schwarz.

Prachtfinken besitzen als Nestlinge und noch ein, zwei Monate danach

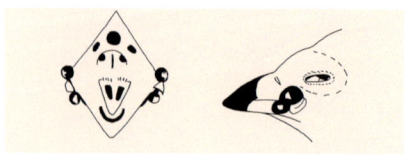

Rachenzeichnung und Papillen der jungen Gouldamadine.

warzen- oder wulstförmige Papillen in den Schnabelwinkeln. Diese sind von weißer, blauer oder gelber Farbe und in der Lage, das ins Nest fallende Licht zu reflektieren. An ihnen und an der arttypischen Rachenzeichnung erkennen die Eltern ihre Jungen. Durch die Papillen und die Rachenzeichnung wird bei ihnen der Fütterungstrieb ausgelöst.

Während die Papillen mit dem Erwachsenwerden eintrocknen und verschwinden, bleibt die Rachenzeichnung bei den meisten Arten zeitlebens erhalten. Jede Art hat ihre typische Zeichnung. Meistens stehen auf dem oberen Gaumen drei dunkle Flecke, zwei weitere auf der Zunge. Im unteren Teil des Rachens sind ebenfalls zwei Flecke zu sehen.

Das Sehvermögen

Prachtfinken können sehr gut sehen. Ihre Augen stehen seitlich weit auseinander, so dass die Vögel ein fast rundum reichendes Gesichtsfeld besitzen. Ihnen entgeht also nichts, zumal sie einen langen beweglichen Hals haben.

Von weit entfernten Objekten, etwa Greifvögel am Himmel, bis hin zu den winzigsten Futterteilchen können Prachtfinken alles scharf und deutlich sehen. Selbstverständlich sehen sie auch Farben. Sonst hätten sie selbst

Junge Zebrafinken heben beim Betteln den Kopf schräg nach vorn dem Altvogel entgegen.

nicht so bunte Gefiederfarben in allen Nuancen ausgebildet.

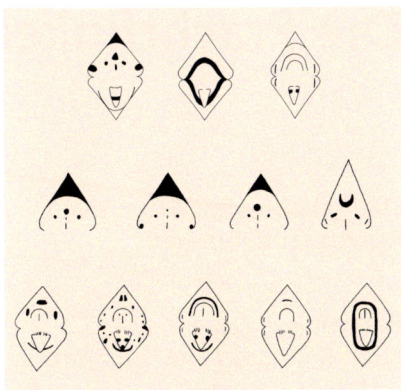

Das Gehör

Prachtfinken hören sehr gut. Das merken wir an den zartesten und leisesten Zirp- und Wispertönen, mit denen sie sich oft verständigen. Aber auch Töne, die von weither herüberschallen und sie interessieren, werden kommentiert. Das merkt man daran, dass sie auf Vogelrufe aus der Ferne antworten.

Prachtfinken hören nicht nur im Normalbereich wie wir Menschen zwischen 16 und 18 000 Hz, sondern noch ein wenig darüber im Ultraschallbereich. Einige Nonnenarten singen sogar in diesem Bereich. Wir sehen, wie sich ihre Kehle bewegt, hören aber nichts von ihrem Gesang, außer die tieferen Schlusstöne.

Die Ohren der Prachtfinken sind so aufgebaut wie die der Säugetiere und unsere. Es fehlt nur die Ohrmuschel, das äußere Ohr. Die Ohröffnung ist unter dem Gefieder verborgen.

Der Geruchssinn

Bei den Prachtfinken spielt der Geruchssinn nur eine untergeordnete Rolle, wie das bei den meisten ande-

Oben von links: Rachenzeichnungen der Nestlinge von Schmetterlingsfink, Silberschnäbelchen, Kleinelsterchen.
Mitte: Amarant, Tigerfink, Schwarzbauchnonne und Reisfink.
Unten: Rachenzeichnung des Blaukopf-Schmetterlingsfinken im Alter von 3 Tagen, 8 Tagen, 18 Tagen und als erwachsener Vogel.

ren Vögeln auch der Fall ist. Er ist aber vorhanden. Die Riechschleimhaut befindet sich im hinteren Teil der Nasenhöhle. Sie ist verhältnismäßig klein.

Der Geschmackssinn

Bei den Prachtfinken ist der Geschmackssinn ebenfalls nur schwach ausgebildet. Die Zunge, die vor allem dem Hin- und Herbewegen von Körnern dient, hat Geschmacksknospen überwiegend an ihrer Basis. Trotzdem werden Futterstoffe auf ihren Geschmack hin getestet, wenn Farbe und Beschaffenheit auch eine größere Rolle bei der Auswahl zu spielen scheinen.

Die Prachtfinkenarten

Die beliebtesten Arten in Kurzbeschreibungen

Bandfink
auch Bandamadine genannt
Amadina fasciata

Kennzeichen: Länge 12 cm. Schnabel und Füße hell fleischfarben. Kopf und Nacken beige und dunkelbraun geschuppt. Übriges Gefieder braun, auf Rücken, Flügeldecken und Brust dunkel geschuppt. Auf der Brust auch einige weiße, dunkelbraun eingefasste Flecke. Ein kastanienbrauner Bauchfleck ist bei den verschiedenen Unterarten größer oder kleiner vorhanden. Schwanzfedern schwarzbraun, ebenso die Schwingen. Als wesentlichstes Merkmal zieht sich beim Männchen von Wange zu Wange ein rotes Band um die Kehle. Dieses fehlt dem Weibchen, das meistens auch weniger markante Fleckenzeichnung hat. Jungvögel sehen dem Weibchen ähnlich, doch zeigen die jungen Männchen schon früh einige rote Federchen im Wangenbereich.

Stimme: Der Gesang ist leises Flöten, Zwitschern und Schnurren. Beim Vortrag sträubt der Vogel das Gefieder und bewegt Kopf und Oberkörper hin und her. Die Rufe sind sperlingsartiges Schilpen.

Herkunft und Lebensweise: Lebt südlich der Sahara von Westafrika bis zum Roten Meer. Von Ostafrika reicht das Verbreitungsgebiet südwärts bis Transvaal. Steppen, Wüstenränder, Grasland an Wegen und Hecken sind der Lebensraum des Bandfinken. Das

Nest wird in Gebüsch, auf Bäume, in Baumhöhlen und Felsspalten gebaut. Am liebsten werden jedoch Webervogelnester bezogen. Außerhalb der Brutzeit in kleineren oder größeren Schwärmen anzutreffen.

Haltung und Zucht: Ist einer der anspruchlosesten Prachtfinken und darum auch für Anfänger geeignet. Am besten wird ein Pärchen für sich alleine untergebracht, da es die Angewohnheit hat, andere Prachtfinken hin und her zu jagen, deren Nester zu besetzen oder zu zerstören. Nicht alle Bandfinken sind so unverträglich, doch man ist bei ihnen nie sicher. Sie können sehr zuverlässige Zuchtvögel sein, vor allem wenn sie nicht zu jung sind. Sonst werfen sie häufig ihre Jungen aus dem Nest. Das mag auch am Fehlen geeigneten Anzuchtfutters liegen.

Ernährung: Grassamen, ein Hirsegemisch, alles auch gekeimt, sind die Grundnahrung. Grünes wird meistens angenommen. Zur Aufzucht der Jungen ist ein vielseitiges Angebot an tierischer Nahrung zu empfehlen. Ohne dieses werden die Jungen meist nicht gefüttert.

Rotkopfamadine
Amadina erythrocephala

Kennzeichen: Länge 13 cm. Ähnlich dem Bandfinken gefärbt, doch hat das Männchen nicht nur ein rotes Band

Bei der Bandamadine trägt nur das Männchen das auffällige rote Kehlband, während das Weibchen ganz schlicht braun gefärbt ist.

Am roten Oberkopf und der vollständig geschuppten Unterseite ist die Rotkopfamadine vom Bandfink zu unterscheiden.

um die Kehle, sondern den ganzen Kopf einschließlich Kehle rot. Nur die Zügel sind graubraun gefärbt. Brust und Bauchseiten sind dicht mit großen weißen Flecken bedeckt, wobei jeder Fleck mit einem dunkelbraunen Saum abgesetzt ist. Das Weibchen hat graubraunes Kopfgefieder, die Jungvögel ebenfalls. Junge Männchen zeigen schon beim Ausfliegen einige rote Federn im Kopfgefieder.

Stimme: Lockt mit spatzenartigem „tschilp" oder „schep", warnt mit kurzem „täck" zischt wütend. Der Gesang ist bauchrednerisches Zwitschern und Schnurren. Dabei öffnet der Vogel etwas den Schnabel und dreht den Kopf fast ruckartig hin und her. Während sozialer Ruhestunden singen häufig mehrere Männchen gleichzeitig.

Herkunft und Lebensweise: Kommt in Südafrika vor, nordwärts bis Angola und Natal. Der Lebensraum sind die mit nur wenigen Bäumen und Sträu-

Mit dem Auroraastrild pflegen wir zwar den schlichtesten Vertreter der Gattung Pytilia, aber auch den robustesten.

Haltung und Zucht: Hierin stimmt die Rotkopfamadine fast vollkommen mit dem Bandfink überein. Auch sie sollte während der Brutzeit als Paar für sich gehalten werden, da sie ebenso unverträglich werden kann.

Ernährung: Wie Bandfink

chern durchsetzten Wüsten (etwa die Kalahari), die Dornbuschsteppen und auch Kulturland. Dabei meidet die Rotkopfamadine die unmittelbare Nähe des Menschen. Nur selten werden Nester in Gebüsch gebaut, vielmehr werden die Nester verschiedener Webervögel bezogen. Besonders die großen Dachbauten der Siedelweber haben es der Rotkopfamadine angetan, in denen sie zu mehreren Paaren brüten.

Auroraastrild
Pytilia phoenicoptera

Kennzeichen: Länge 12 cm. Das Gefieder ist mausgrau, auf der Unterseite mit weißer Querwellung. Flügeldecken, Bürzel und Oberschwanzdecken rot. Die dunkelbraunen Schwingen und Handdecken haben breite rote Säume auf den Außenfahnen. Schnabel schwarz, bei der Unterart *P. p. lineate*, dem Streifenastrild, rot, Augen rotbraun, Füße hell fleisch- oder hornfarben. Weibchen insgesamt etwas bräunlicher und weniger rot. Jungvögel sind noch brauner und die

Querwellung ist noch kaum vorhanden.

Stimme: Ruft „ück" oder „kjück", zur Beschwichtigung ganz leise „gügügü„. Der Gesang ist abwechslungsreiches Wiederholen der Lockrufe, teils hübsch flötend.

Herkunft und Lebensweise: Ist in einem schmalen Streifen quer durch den Kontinent von West- bis fast nach Ostafrika anzutreffen. Von der Baumsteppe bis zu dichterem Wald und Gebüsch ist er überall anzutreffen, auch auf Wegen und in Gärten. Jedoch lebt er einzeln oder paarweise und nur in Ausnahmefällen mit anderen Prachtfinken gemeinsam. Die Nahrung, Grassamen und Insekten, sucht er auf dem Boden. Das Nest baut er in kleine Bäume oder Büsche.

Haltung und Zucht: Wenn auch nicht so empfindlich wie der Buntastrild, so braucht der Auroraastrild anfangs doch 20–22 °C. Er ist auch friedlicher als seine nächsten Verwandten, so dass er in einer Prachtfinken-Gesellschaft gehalten werden kann. Die Zucht gelingt bei ihm am leichtesten von allen Arten seiner Gattung. Das Nest wird am liebsten in dichtes Gebüsch gebaut.

Ernährung: Wie Buntastrild.

Eine sehr ähnliche Art ist der Rotmaskenastrild, *Pytilia hypogrammica*, der goldgelbe Flügeldecken und Handschwingensäume hat. Kopf und Kehle des Männchens sind rot.

Buntastrild
Pytilia melba

Kennzeichen: Länge 13 cm. Schnabel, Stirn und Kehle des Männchens sind rot, ebenso die Oberschwanzdecken und die Oberseite der Schwanzfedern.

Der Buntastrild ist ein sehr hübsch gefärbter Prachtfink, der recht viel tierische Nahrung benötigt. Das Weibchen, unten, ist sehr viel schlichter gefärbt.

Sehr temperamentvoll zeigt sich der Grüne Tropfenastrild, wenn er behände durch das Gebüsch huscht.

Die Vorderbrust ist goldgelb bis grünlichgelb. Die Unterseite ist dunkel braungrau und weiß quergewellt. Die Oberseite ist bräunlichgrün. Augen rotbraun, Füße braun. Das Weibchen hat graues Kopf- und Brustgefieder. Die Wellenzeichnung der Unterseite ist nicht so markant. Den Jungvögeln fehlt diese Zeichnung noch ganz. Sie sind einfarbiger braun.

Stimme: Lockruf leises „sieh", Warnlaut kurzes „gib". Der Gesang ist ausdauernd und abwechslungsreich und sehr hübsch. Auch das Weibchen singt, allerdings nicht so lang und klangreich.

Herkunft und Lebensweise: Ist im ganzen Afrika südlich der Sahara mit Ausnahme der Urwaldgebiete anzutreffen. Auch das südlichste Afrika meidet der Buntastrild. Die Dornbuschsteppen, die Gebüsche entlang Ufer, Wegen und Feldern sind sein Lebensraum. In Dornbüschen brütet er und kommt für die Nahrungssuche gern auf den Boden, wo er Grassamen und Insekten sucht.

Haltung und Zucht: Nach einer sorgfältigen Eingewöhnung bei Temperaturen über 24 °C und vielseitiger Ernährung ist der Buntastrild ein sehr widerstandsfähiger Vogel. Eine große Innenvoliere mit Versteckmöglichkeiten ist für ihn am besten. Leider ist er meistens sehr aggressiv und zwar gegenüber Artgenossen und anderen

Prachtfinken. Darum sollte er bei der Zucht paarweise in einer Voliere gepflegt werden. Das Paar beginnt bald mit der Brut, doch zieht es meistens die Jungen nicht groß. Das liegt wahrscheinlich am Fehlen geeigneten Aufzuchtfutters, das überwiegend aus kleinen Insekten bestehen sollte. Am liebsten wird die Nahrung vom Boden aufgenommen. Deshalb wird es von manchen Züchtern in große flache Schalen gegeben, in denen eine dünne Schicht Wald- und Komposterde eingebracht wurde.

Ernährung: Hirse und Glanz sollten in kleinkörnigen Sorten gegeben werden, vor allem gekeimt. Auch Kolbenhirse wird genommen. Grasrispen und andere Wildkräuter in halbreifem Zustand werden ebenfalls geschätzt. Am wichtigsten sind kleine Insekten und deren Larven. So gehören Ameisenpuppen, Blattläuse und Getreideschimmelkäfer-Larven zu ihrer Lieblingsnahrung. Kleine, frisch gehäutete Mehlwürmer, Pinkys, Enchyträen, Wachsmottenlarven und Wiesenplankton können nach Vorhandensein ebenfalls gereicht werden. An Ersatznahrung wie Weichfutter und hart gekochtes Eigelb gehen nur wenige Buntastrilde.

Grüner Tropfenastrild
Mandingoa nitidula

Kennzeichen: Länge 10 cm. Oberseits moosgrün. Bürzel, Oberschwanzdecken, Gesicht, Kehle und Vorderbrust (letztere nur bei der Unterart Schlegels Grüner Tropfenastrild, *M. n. schlegeli*) rot oder orange. Bauch und Flanken schwarz mit vielen kleinen runden Flecken. Schnabel schwarz mit roter Spitze. Augen dunkelbraun, Füße rotbraun. Beim Weibchen nur wenig Rot im Gesicht. Die Unterseite grau mit weißen Pünktchen, bei den Jungvögeln ohne diese und grünlicher.

Stimme: Warnt „zitt-zitt" und „terr", lockt leise „tack" und „zie" und lässt zur Begrüßung einen langen Triller hören. Der Gesang beginnt mit Locktönen und enthält eine Reihe von Pfeiftönen und Trillern.

Herkunft und Lebensweise: Ist von West- bis Ost- und Südostafrika beheimatet. Sein Lebensraum ist an den Rändern und auf den Lichtungen der Urwälder und zwar vom Tiefland bis in Höhen von 1800 m. Immergrüne Dickichte und Palmengebüsche bewohnt er ebenfalls und baut sein Nest in deren Gezweig.

Haltung und Zucht: Ist schwer einzugewöhnen und braucht eine Temperatur von 22–25 °C, später von 20 °C. Viel tierische Nahrung ist notwendig. Auch sollten Pflanzen und Gebüsch in einer Zimmervoliere vorhanden sein. Wird sehr zutraulich und ist friedlich gegenüber anderen Prachtfinken. Die Zucht ist in letzter Zeit mehrfach gelungen. Das Nest wird in Gebüsch oder in halb offene Nistkästen gebaut. Die Jungen werden nur bei einem vielseitigen Angebot kleiner Futtertiere aufgezogen.

Ernährung: Wie Buntastrild. Es werden außerdem gern geflügelte Ameisen genommen, wie sie im Sommer oft in großer Zahl zu finden sind. Diese scheinen dem Grünen Tropfenastrild Ersatz für die geflügelten Termiten zu sein, die er in seiner Heimat findet.

Orangebäckchen
Estrilda melpoda

Kennzeichen: Länge 10 cm. Kopf, Kehle und die ganze Unterseite grau. Zügel, Augenumgebung und Wangen orange. Nacken, Rücken und Flügel braun. Schnabel, Bürzel und Oberschwanzdecken rot, in der Bauchmitte ein orangegelber Fleck. Füße graubraun, Augen dunkelbraun. Weibchen etwas matter in den Farben, Schwanz etwas kürzer. Jungvögeln fehlt noch das Orange an den Wangen, sie sind insgesamt brauner gefärbt.

Stimme: Warnt „zirzit", lockt „zjü" und „sit". Der Gesang ist klirrend, zirpend und zwitschernd in sehr heller Stimmlage.

Herkunft und Lebensweise: Ist in den waldreichen Gebieten Afrikas von Senegal bis Angola anzutreffen, wo das Organgebäckchen vor allem in den Hochgrasdickichten entlang der Gewässer, an Waldrändern und auf Lichtungen lebt. Auch in Grasbeständen und Gebüsch entlang Wegen und Feldern. Das Nest wird unter Grasbüschel oder niedrig in Gebüsch gebaut. Oft wird ein zweites Nest, ein so genanntes Hahnennest, auf das erste Nest gebaut. Außerhalb der Brutzeit gesellig.

Haltung und Zucht: Wurde stets zahlreich eingeführt. Ist leicht einzugewöhnen und zu ernähren. Stets lebhaft, friedlich und auch langlebig. Die Zucht gerät nicht leicht, ist aber schon öfter gelungen. Orangebäckchen verlassen bei geringsten Störungen durch den Pfleger oder durch Mitbewohner der Voliere das Nest. Eine große, mit vielen Pflanzen ausgestattete Innenvoliere bietet die besten Aussichten für erfolgreiche Bruten. Zum Nestbau werden am liebsten Kokosfasern genommen. Die Jungen, die nach 21 Tagen ausfliegen, werden noch lange von den Eltern zur Nacht ins Brutnest geführt.

Ernährung: Wie Grauastrild.

Das Orangebäckchen schlägt bei jeder Bewegung mit dem Schwanz seitwärts aus

Die gelblichere Farbe und der schwarze Schnabel helfen, den Zügelastrild von den nächsten Verwandten zu unterscheiden.

Zügelastrild
Estrilda rhodopyga

Kennzeichen: Länge 10 cm. Ähnelt dem Grauastrild, ist gelblich grau und hat rote Oberschwanzdecken. Sein Schnabel ist schwarz. Jungvögel noch ohne Rot auf den Flügeldecken.
Stimme: Rufe und Gesang ähneln denen von Grau- und Wellenastrild.
Herkunft und Lebensweise: Seine Heimat ist Ostafrika. Lebt in Trockensteppen, auch im Hochland. Das Nest wird unter Grasbüschel auf den Boden oder niedrig in Gebüsch gebaut. Außerhalb der Brutzeit ist der Zügelastrild in kleinen Schwärmen anzutreffen, oft in Gesellschaft anderer Prachtfinken.

Haltung und Zucht: Wie Grau- und Wellenastrild.
Ernährung: Wie Grauastrild. Allerdings ist etwas weniger tierische Nahrung erforderlich, dafür mehr Keimfutter.

Grauastrild
Estrilda troglodytes

Kennzeichen: Länge 10 cm. Schnabel und Augenstreif rot, ebenso ein mehr oder weniger großer Bauchfleck. Das Gefieder der Oberseite ist graubraun, das der Unterseite hellbraun, alles zart rötlich überhaucht und kaum merklich dunkel quergewellt. Oberschwanzdecken und Schwanz schwarz, Unterschwanzdecken weiß. Augen braun,

Einer der widerstandsfähigsten und lebhaftesten Prachtfinken ist der Grauastrild. Das Männchen, rechts, ist etwas kräftiger gefärbt.

Lidringe blaugrau, Füße braun. Beim Weibchen ist der rote Bauchfleck blasser und kleiner. Jungvögel haben noch einen schwarzen Schnabel, keinen roten Augenstreif und keinen rötlichen Anflug auf dem Gefieder.

Stimme: Ruft „tsi" oder als Distanzlockruf „zieh". Der Gesang ist ein lautes, etwas nasales „pitsie", meistens mehrmals hintereinander vorgetragen.

Herkunft und Lebensweise: In Afrika kommt der Grauastrild von Senegal in schmalem Gebiet bis Äthiopien, dem Sudan und Uganda vor. Lebt in den Steppen, wo er sich in Büschen aufhält. Sein Nest baut er am liebsten unter Grasbüschel, sonst auch niedrig in Gebüsch. Auf das Brutnest wird oft ein so genanntes Hahnennest gebaut. Es wurde angenommen, dass darin das Männchen übernachtet. Das ist aber nicht der Fall. Vielmehr soll es Feinde, etwa Schlangen, vom tatsächlichen Nest ablenken. Deshalb werden von den Grauastrilden auch Steine und Kotkrümel in das obere Nest gelegt.

Sehr apart wirkt der Wellenastrild mit seiner Querwellung auf dem ganzen Gefieder.

Haltung und Zucht: Ist sehr widerstandsfähig und übersteht den Fang und Import besser als alle anderen Prachtfinken. Da er auch genügsam und friedlich ist, kann er gut in einer gemischten Prachtfinken-Gesellschaft gepflegt werden. Die Zucht ist nicht leicht, wenn das Paar auch schnell ein Nest baut und ein Gelege hat. Das Nest steht meistens in Bodennähe zwischen Gräsern und Gebüsch. Manchmal wird auch ein Nistkörbchen in größerer Höhe angenommen. Das Nest wird aus Kokosfasern, weichen Gräsern und Sisalfasern gebaut, mit Federchen und Haaren ausgepolstert. Wenn die Vögel brüten, werden sie sehr zutraulich. Die Brut dauert, wie bei anderen Prachtfinken, 13–14 Tage. Die Jungen bleiben 19–21 Tage im Nest.

Ernährung: Kolbenhirse und kleinkörnige Hirsesorten sind am beliebtesten. Außerdem werden viele Wildkrautsämereien in verschiedenen Reifestadien gern genommen, ferner Keimfutter. Vielerlei Futtertiere sind zur Aufzucht der Jungen erforderlich. Es können alle Insekten, Ameisenpuppen und andere Tiere gereicht werden, die im Ernährungskapitel erwähnt sind. Außerhalb der Brutzeit ist nur wenig tierische Nahrung erforderlich. Manche Grauastrilden nehmen auch Eifutter und insektenhaltiges Weichfutter an.

Wellenastrild
Estrilda astrild

Kennzeichen: Länge 11 cm. Ein insgesamt graubrauner Vogel mit deutlicher

Ein besonders lebhafter und fluggewandter Vogel ist der Elfenastrild.

dunkler Querwellung. Schnabel und breite Streifen, die sich vom Schnabel bis zum Nacken hinziehen, sind rot. Rötlich überhaucht sind Brust und Bauch. Kinn, Wangen und Halsseiten sind weißlich, die Unterschwanzdecken schwarz, beim Weibchen dunkelgrau. Jungvögel haben einen schwarzen Schnabel und kaum sichtbare Wellenzeichnung.

Stimme: Ruft leise „tschük", „sip" und härter „tschüküp". Vor allem im Fluge werden Stimmfühlungslaute ausgestoßen. Der Gesang ist recht einfaches und raues „tzitzischürie".

Herkunft und Lebensweise: Im gesamten zentralen und südlichen Afrika in 17 Unterarten verbreitet. Grasland, vor allem aber die Ufervegetation der Flüsse und Seen sind sein Lebensraum. Hat sich aber auch an Wegrändern, in Feldern und Gärten eingefunden. Das Nest wird in Grasbüschel oder niedrig in Gebüsch gebaut. Außerhalb der Brutzeit fliegt der Wellenastrild in oft großen Schwärmen auf Nahrungssuche. Grassamen werden aus den Rispen geklaubt oder vom Boden aufgenommen. In großen Gras- oder Schilfbeständen wird übernachtet.

Haltung und Zucht: In den ersten Wochen ist der Wellenastrild empfindlich und sollte bei Zimmertemperatur gehalten werden. Einmal eingewöhnt, ist er hart und ausdauernd. Er darf während des Sommerhalbjahres in eine angeschlossene Gartenvoliere gelassen werden. Ist sehr friedlich.

Ernährung: Hirsegemisch, Keimfutter, Grassamen und tierische Nahrung sind erforderlich (s. auch Grauastrild).

Elfenastrild
Brunhilda erythronotos

Kennzeichen: Länge 12 cm. Stirn weißlich grau, sonst rötlich grau. Fast auf dem ganzen Gefieder schattenhafte dunkle und helle Querwellung. Vom schwarzen Schnabel zieht sich ein schwarzer Fleck ums Auge und Ohr bis zur Kehle. Schwarz sind auch

Bauchmitte, Unterschwanzdecken, Schwanz und Füße. Bürzel, Oberschwanzdecken und Flanken dunkelrot. Die Farben sind beim Weibchen weniger intensiv. Die schwarzen Partien sind bei ihm dunkel graubraun. Jungvögeln fehlt das Rötliche, so dass sie insgesamt grauer erscheinen.
Stimme: Ruft „psiji" und „tihü". An diesem Ruf lassen sich Männchen und Weibchen unterscheiden: Beim Weibchen sind beide Töne auf gleicher Höhe. Das Männchen variiert die Rufe während des Gesangs. Ein leiser Gesang ist auch beim Einschlüpfen ins Nest zu hören.
Herkunft und Lebensweise: Lebt in den Trockensteppen Ost- sowie Süd- und Südwestafrikas, auch im Hochland. Das Nest mit langer Einschlupfröhre wird am liebsten in dichte Dornbüsche und -bäume gebaut. Zur Nahrungssuche kommt der Elfenastrild auf den Boden. Sonst scheu und viel auf dichten Akazienbäumen, deren Blüten sie aufnehmen.
Haltung und Zucht: Anfangs etwas empfindlich, darum sollte die Eingewöhnung bei Zimmertemperatur und Infrarotbestrahlung erfolgen. Hat einen wunderschönen Flug und sollte in einer Voliere oder im größeren Käfig gepflegt werden. Wird sehr schnell zutraulich. Übernachtet gern in Nistkörbchen oder in Nestern anderer Prachtfinken. Die Zucht gelingt leider nur selten, wenn die Vögel auch zuverlässig brüten. Meistens werfen sie die Jungen aus dem Nest oder lassen sie verhungern.
Ernährung: Wie Grauastrild. Es werden auch gern Blattläuse angenommen. Vielleicht sind diese und die Blü-ten vieler Doldengewächse für die Aufzucht der Jungen erforderlich.

Schönbürzel
Glaucestrilda caerulescens

Kennzeichen: Länge 11 cm. Hell blaugrau, an den Flanken ein paar weiße Pünktchen. Vom schwarzroten Schnabel zieht sich ein schwarzer Streifen durchs Auge. Unter- wie Oberschwanzdecken, Bürzel und Oberseite des Schwanzes rot. Füße dunkelgrau. Männchen und Weibchen sind gleich gefärbt. Jungvögel haben düstergraues Gefieder und noch weniger leuchtend rote Partien.
Stimme: Ruft „siesie", wenn ängstlich lauter und langgezogener „sieh süieh". Beim Weibchen sind die Silben stets auf gleicher Höhe, während sie beim Männchen in der zweiten Silbe abfallen und sich wie „sieh-tüü" anhören. Dieser Lockruf ist denn auch gleichzeitig der Gesang des Männchens. Als Nestlockruf lassen die Vögel leises „zitück-tück" hören.
Herkunft und Lebensweise: Ist in Westafrika von Senegal bis Kamerun beheimatet. Bevorzugt Grasland, Pflanzungen und Gärten, wo er seine Nahrung aus den Samenständen klaubt oder vom Boden sammelt. Insekten werden häufig im Fluge gefangen. Das Nest wird meistens hoch in Gebüsch oder in kleine Bäume gebaut. Es erhält eine kurze Einschlupfröhre.
Haltung und Zucht: Ist etwas empfindlicher als nahe Verwandte, wenn gerade importiert. Danach jedoch fast robust. Sehr friedlich und interessant,

Schönbürzel sind sehr beliebt, da sie sehr zahm werden können. Auch klettern und turnen sie viel im Gezweig der Voliere umher.

da lebhaft, kletternd und turnend. Wird sehr zutraulich, manchmal sogar fingerzahm. Übernachtet gern in einem Nistkasten oder Körbchen. Die Zucht ist schon öfter gelungen. Das kunstvolle Nest besitzt eine Einschlupfröhre. Darum wird es am liebsten freistehend in Gezweig gebaut. Es wird sehr fest gebrütet. Für eine erfolgreiche Aufzucht der Jungen ist viel tierische Nahrung erforderlich. Sonst werden die kleinen Nestlinge aus dem Nest geworfen.

Ernährung: Wie Grauastrild.

Amarant
auch Roter oder Senegal-Amarant genannt
Lagonosticta senegala

Kennzeichen: Länge 10 cm. Ein roter Vogel mit rötlich/graubrauner Oberseite und Unterschwanzdecken. Auch die Füße sind von graubrauner Farbe. Der Schnabel ist rot mit schwarzem Streifen entlang der Oberschnabelmitte. Augen braun mit gelbem Lidring. An den Brustseiten sind je nach Unter-

Annäherung eines Amaranten-Pärchens bei der Balz.

ter Dächer und sogar auf Balken in Gebäuden.

Haltung und Zucht: Anfangs sind importierte Amaranten sehr empfindlich. Sie brauchen Wärme und sorgfältige Eingewöhnung. Danach sind sie robust. Ein Pärchen beginnt bald mit Nestbau und Eiablage. Meistens sind es 4 Eier, die sehr fest bebrütet werden.

Ernährung: Die Jungen werden zuverlässig aufgezogen, wenn viele halbreife Wildkrautsamen, Keimfutter und möglichst vielseitige tierische Nahrung geboten wird. Außer Mehlwürmern (kleine, frisch gehäutete) und Getreideschimmelkäfer-Larven werden Ameisenpuppen, Pinkys, Blattläuse, aber auch Enchyträen, Essigfliegen und sogar Rote Mückenlarven und Wasserflöhe genommen. Manchmal gelingt die Aufzucht sogar mit hart gekochtem Eigelb.

art mehr oder weniger weiße Punkte. Manchen Amaranten fehlen sie auch ganz. Das Weibchen ist insgesamt graubraun gefärbt. Es hat nur den roten Schnabel, rote Zügel und Überaugstreifen. Bürzel und Oberschwanzdecken sind ebenfalls rot. Weiße Pünktchen sind mehr oder weniger vorhanden. Jungvögel sehen dem Weibchen ähnlich, sind aber noch grauer.

Stimme: Stimmfühlungslaut und Lockruf „di-ü", der beim Rufen über größere Distanz recht laut und gedehnt ausgestoßen wird. Als Nestlockruf lässt das Männchen ein leises Wispern hören, als Warnlaut und bei Erregung ein scharfes „tack" oder „zeck". Der Gesang ist ein mehrfach wiederholtes, melodisches „tzäwied", das von Männchen wie Weibchen zu hören ist.

Herkunft und Lebensweise: Bewohnt ganz Afrika südlich der Sahara mit Ausnahme der Urwaldgebiete. Ist sowohl in Savannen und Steppen wie in Gärten und Ortschaften anzutreffen. Baut ein eigenes Nest in Gebüsch, un-

Roter Tropfenastrild
Hypargos niveoguttatus

Kennzeichen: Länge 13 cm. Schnabel stahlblau. Kopf mit Ausnahme der graubraunen Stirn- und Scheitelpartie rot, ebenso Halsseiten, Kehle, Brust, Bürzel, Oberschwanzdecken und Schwanz. Nacken, Rücken und Flügel braun. Bauch und Unterschwanzdecken schwarz, entlang den Flanken große weiße Tropfenflecke. Augen

dunkelbraun, von blassblauen Lidringen umgeben. Füße grau. Weibchen haben kein rotes, sondern braunes Gesichtsgefieder. Kehle und Brust rot, restliche Unterseite braungrau mit weißen Tropfenflecken. Diese fehlen den ähnlich gefärbten Jungvögeln noch.

Stimme: Kontakt- und Stimmfühlungsrufe sind kurzes „ziet" bis langgedehntes „sieht". Zirp- und Trillerreihen sind ebenso zu hören wie hartes „tschip" als Warnruf. Der Gesang ist recht variables Trillern und Flöten. Auch das Weibchen singt, allerdings kürzer und leiser.

Herkunft und Lebensweise: Lebt im Osten Afrikas und zwar versteckt in dichtem Gebüsch der Ufer, Waldränder und Wege. Auf letzteren ist er manchmal bei der Suche nach Samenkörnern und Insekten zu beobachten. Sein Nest versteckt er in Büschen dicht über dem Boden oder sogar unter Grasbüscheln.

Haltung und Zucht: Braucht eine sorgfältige Eingewöhnung bei Zimmertemperatur. Kann im großen Bauer wie in der Zimmervoliere gepflegt werden. Im Sommer darf der Rote Tropfenastrild auch in die angeschlossene Gartenvoliere. Er hält sich gern viel am Boden auf, wo er sich zwischen Gräsern und Gebüsch versteckt. Das Pärchen hält eng zusammen, wobei sich die Vögel viel gegenseitig kraulen. Sie können sehr zutraulich werden. Die Zucht gelingt recht leicht, wenn versteckte Nestplätze und viel Lebendfut-

Der Amarant fällt durch sein rotes Gefieder sofort auf. Sein Weibchen ist viel schlichter gefärbt.

Für die Haltung und Zucht des Roten Tropfenastrilds ist einige Erfahrung nötig. Er kann anderen Vögeln gegenüber sehr aggressiv werden, wenn er in Brutstimmung ist.

ter geboten werden. Während der Brut sehr aggressiv, so dass sie dann nicht mit anderen Vögeln zusammen gehalten werden können.

Ernährung: Neben einem Prachtfinken-Mischfutter sollten viele Insekten gegeben werden, nicht nur zur Aufzucht der Jungen. Keimfutter und Futtertiere sollten in einer großen Schale mit Walderde angeboten werden, da Rote Tropfenastrilde gern Nahrung auf dem Boden suchen.

Dybowskis Tropfenastrild
Euschistospiza dybowskii

Kennzeichen: Länge 12 cm. Kopf, Nacken und Brust dunkelgrau, ebenso die Füße. Die braunen Augen sind von rötlichen Lidringen umgeben. Rücken, Bürzel und Oberschwanzdecken rot, Flügel und Flügeldecken dunkelbraun. Unterseite schwarz mit vielen weißen Tropfenflecken. Beim Weibchen stehen die Tropfenflecken auf grauem

Der Gesang des Dybowskis Tropfenastrild gilt als der beste aller Prachtfinken. Leider ist er nicht ganz einfach zu pflegen.

Grund. Es hat graue Lidringe. Jungvögel sind matter grau mit noch undeutlichem Rot auf der Oberseite. Die Tropfenflecke fehlen ihnen noch.

Stimme: Bei Erregung und als Warnung wird ein scharfes „zit-zit-zit" ausgestoßen. Als Lock- und Stimmfühlungslaut gilt ein schnurrendes und recht leises „schrit-schrit". Der Gesang des Dybowskis Tropfenastrild gilt als der schönste aller Prachtfinken. Er wird als das Gemisch der Gesänge von Kanarienvogel und Nachtigall bezeichnet. Das Weibchen singt auch, doch meistens nur, wenn keine Artgenossen in Rufweite sind.

Herkunft und Lebensweise: West- und Zentralafrika sind seine Heimat. Lebt dort im Grasland, hält sich viel auf dem Boden auf und verschwindet bei Gefahr sofort in dichtem Gebüsch. Dort wird dicht über dem Boden das Nest gebaut.

Haltung und Zucht: Frisch importierte Vögel sind sehr hinfällig. Heute gibt es überwiegend hier gezüchtete zu kau-

fen, die gar nicht mehr empfindlich sind. Für die Haltung und Zucht kommt eine Voliere, zumindest aber ein sehr großer Käfig in Frage. Nur wenn das Paar gut harmoniert, ist mit einem Bruterfolg zu rechnen. Sonst jagen sich die Vögel häufig, wobei es auch zu Verletzungen kommen kann. Sie sind leider auch sehr schreckhaft.

Ernährung: Wie Buntastrild und Amarant.

Granatastrild
Granatina granatina

Kennzeichen: Länge 14 cm. Schnabel, Augen und Augenringe rot. Zügel, Kinn, Schwingen und Schwanz schwarz. Stirn, Augenumgebung bis Ohrgegend und Kehlseiten blau bis lila, ebenso Bürzel und Oberschwanzdecken. Vom Oberkopf bis zum Rücken und von der Kehle bis zum Bauch kastanienbraun, Füße dunkelbraun. Das Weibchen ist ähnlich gezeichnet, doch sind die beim Männchen kastanienbraunen Partien gelblichbraun. Jungvögel ähneln dem Weibchen, haben aber schwarzen Schnabel und schwarze Lidringe.

Stimme: Warn- und Erregungsruf „tack", der zu einer Strophe aneinander gereiht und abgewandelt werden kann, je nachdem, ob das Weibchen begrüßt oder ein anderes Männchen verjagt werden soll. Lock- und Stimmfühlungslaut ist ein weiches „zjiet" in unterschiedlicher Klangfarbe. Der Gesang ist sehr schön zwitschernd und flötend, enthält aber auch schleifende Passagen. Das Weibchen verfügt über einen eigenen Gesang, der ebenfalls

Auch der Granatastrild verfügt über einen schönen Gesang. Sogar das blasser gefärbte Weibchen singt, wenn auch anders als das Männchen.

sehr hübsch ist und reine Flötentöne enthält. Es antwortet damit auf die Rufe des Männchens.

Herkunft und Lebensweise: Große Gebiete Süd- und Südwestafrikas sind seine Heimat. Trocken- und Dornbuschsteppen, Gebüsche an Bachufern und in lichtem Wald sind sein Lebensraum. Paarweise oder in kleinen Gruppen sucht der Granatastrild die Wasserstellen auf. Die Nahrung, kleine Sämereien und Insekten, findet er überwiegend auf dem Boden. Das Nest wird in Dorngebüsch gebaut, meistens in etwa 1 m Höhe.

Haltung und Zucht: Braucht anfangs viel Wärme. Sollte auch später bei 18–20 °C gehalten werden. Ist ein friedlicher Vogel, nur Veilchenastrilde und Schmetterlingsfinken werden gejagt, besonders in der Brutzeit. Die Unterbringung in einer großen Voliere mit dichtem Gebüsch wäre ideal. Dann bauen die Granatastrilde und

Der prächtige Veilchenastrild, ebenfalls ein guter Sänger, ist nicht einfach einzugewöhnen und zu pflegen.

brüten zuverlässig. Sie ziehen aber nur selten die Jungen groß. Das wird wohl vor allem an unzureichender Versorgung mit Futtertieren liegen.

Ernährung: Wie Bunt- und Grauastrild. Es werden auch gern Blattläuse genommen, vor allem die grünen Arten.

Veilchenastrild
Granatina ianthinogaster

Kennzeichen: Länge 14 cm. Schnabel, Augen und Augenringe rot. Stirn, Augenumgebung, Kinn, Brust, Bauch und Oberschwanzdecken glänzend blau. Übriges Gefieder kastanienbraun, Schwingen und Schwanz schwärzlich. Füße dunkelbraun. Das Weibchen ist insgesamt heller braun. Oft hat es über Brust und Flanken weißliche Querbänder. Die Augenumgebung ist bläulich weiß. Oberschwanzdecken von hellerem Blau als beim Männchen. Sonst kein Blau im Gefieder. Jungvögel ähneln dem Weibchen, sind noch matter braun und haben Schnabel und Lidringe noch schwarz.

Stimme: Der Kontaktruf ist ein hohes

Trillern. Warn- und Erregungsruf „tack", das zu einem schnellen Rattern ausgedehnt werden kann. Der Nestlockruf ist eine Reihe sehr weicher und leiser Töne. Männchen und Weibchen rufen sich mit einem sehr klangvollen, weithin hörbaren Gesang, der aus wenigstens neun Tönen besteht. Das Männchen beherrscht noch einen weiteren Gesang mit flötenden, schwirrenden, knackenden Tönen und einem Endtriller.

Herkunft und Lebensweise: Der Osten Afrikas ist die Heimat des Veilchenastrilds. Lebt dort in Dornbuschsteppen, entlang Ufern und in Plantagen ähnlich wie der verwandte Granatastrild.

Haltung und Zucht: Auch hier stimmt er mit dem Granatastrild überein. Seine Zucht ist leider ebenso schwer. Dennoch sind eine Anzahl Jungvögel aufgezogen worden.

Ernährung: Wie Bunt- und Grauastrild.

Ein ganz robuster Vogel ist der Schmetterlingsfink, rechts ein Männchen. Dem Weibchen fehlen die roten Ohrflecke.

Schmetterlingsfink
Uraeginthus bengalus

Kennzeichen: Länge 12 cm. Gesicht außer Stirn und Scheitel blau, ebenso die Unterseite, der Bürzel, die Oberschwanzdecken und der Schwanz. Die Oberseite sowie Bauch und Unterschwanzdecken von gleichmäßigem Braun. Dieses kann je nach Unterart verschieden im Farbton sein. Rote Wangenflecke trägt nur das Männchen, sonst sind die Geschlechter gleich gefärbt. Der Schnabel ist lilarötlich mit schwärzlichen Schneiden. Die Füße sind hell fleischfarben. Jungvögel haben noch kein blaues, sondern hell

bräunliches Gesicht. Der Schnabel ist schwarz. Sehr ähnlich, jedoch ohne rote Ohrflecke, ist der Angola-Schmetterlingsfink, *Uraeginthus angolensis*.

Stimme: Der Lockruf ist ein kurzes „sit" oder „sit-sit". Als Distanzruf wird er durchdringend und lang gezogen ausgestoßen und klingt dann „süietsüieht". Der Warnlaut ist ein knallend hartes „tschak-tschak", der oft in nicht enden wollenden Rufreihen zu hören ist. Der Gesang ist ein heiseres Flöten und Zwitschern, das sehr verschieden sein kann. Er wird auch vom Weibchen vorgetragen, wenn auch seltener und meistens nicht so lang.

Herkunft und Lebensweise: Ist von Senegal in Westafrika bis Äthiopien, Somalia, Kenia und Tansania in Ostafrika beheimatet. Südwärts reicht seine Heimat bis zum südöstlichen Zaire und dem östlichen Angola. Da sehr anpassungsfähig, kommt er in den

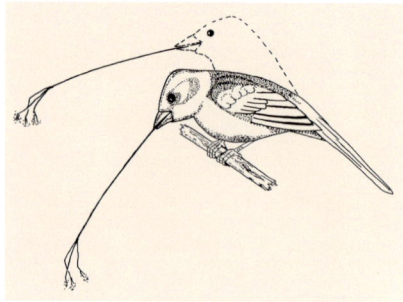

Blaukopf-Schmetterlingsfink bei der Halmbalz.

verschiedensten Lebensräumen vor: vom Meer bis zum Hochland, in kargen Dornbuschsteppen und in Plantagen, Gärten, an Ufern und in Feuchtgebieten. Gern baut er sein Nest in Dornbüsche und zwar möglichst in die Nähe von Wespen- und Hornissennestern.

Haltung und Zucht: Ein robuster Vogel, der anfangs allerdings bei Zimmertemperatur gehalten werden soll-

Beim Blaukopf-Schmetterlingsfinken ist beim Männchen der ganze Kopf blau, während das Weibchen kaum von denen der anderen Schmetterlingsfinken zu unterscheiden ist.

te. Da sehr lebhaft, ist ein größerer Käfig oder eine Voliere ratsam. Als friedlicher Vogel kann er gut in einer gemischten Gesellschaft gehalten und gezüchtet werden. Das Nest wird entweder frei stehend in dichtes Gebüsch gebaut oder in ein Nistkörbchen. Ist dieses mit Douglastannengrün besteckt, fühlen sich die Vögel wie in einem Dickicht und entsprechend sicherer. Wenn zur Aufzucht der Jungen viel tierische Nahrung gereicht wird, ziehen die Schmetterlingsfinken ihre Jungen zuverlässig auf.

Ernährung: Wie Bunt- und Grauastrild. Reichlich Insekten geben, vor allem zur Aufzucht der noch kleinen Jungen.

Blaukopf-Schmetterlingsfink
Uraeginthus cyanocephalus

Kennzeichen: Länge 13 cm. Sieht wie der Schmetterlingsfink aus, hat aber den ganzen Kopf und Nacken blau, jedoch keine roten Wangenflecke. Beim Weibchen ist das Blau blasser. Das recht helle Braun reicht bei ihm bis auf den Kopf. Jungvögel sind insgesamt hellbraun und bekommen erst nach und nach die blaue Färbung.

Stimme: Die Rufe sind rauer und tiefer als die des Schmetterlingsfinken. Sie hören sich wie „tschek-tschek" an, als Warnlaut ähnlich, doch härter und in langsamerer Folge als beim Schmetterlingsfink. Auch der Gesang weicht von dem seiner nächsten Verwandten ab. Er ist weicher und flötender.

Herkunft und Lebensweise: Kommt in Ostafrika von Somalia und Uganda bis Tansania vor. Dornbuschsteppen sind sein Lebensraum. Ist meistens paar-

weise anzutreffen und nimmt seine Nahrung vom Boden auf. Brütet in Dornbüschen nahe Wespennestern.
Haltung und Zucht: Ist von den drei Schmetterlingsfinken am wenigsten empfindlich. Sollte dennoch nicht zu kalt gehalten werden. Die Zucht ist in letzter Zeit recht häufig gelungen.
Ernährung: Wie bei den anderen Schmetterlingsfinken ist eine vielseitige Ernährung mit Lebendfutter erforderlich. Siehe Bunt- und Grauastrild.

Wachtelastrild
Ortygospiza atricollis

Kennzeichen: Länge 10 cm. Der Schnabel ist rot, die Füße sind fleischfarben. Stirn und Oberkopf sowie Wangen und Kehle sind schwarz, Kinnfleck weiß. Die restliche Oberseite ist düster graubraun. Die gelbbraunen Augen und die grauen, teils nackten Zügel werden von einer weißen Brille eingefaßt. Brust und Flanken sind breit schwarzweiß quergewellt. Bauch vorne braun, nach hinten zu gelblicher. Das Weibchen hat mehr grauweiße Bänderung und graue statt schwarze Federn auf Kopf, Stirn und Kehle. Jungvögeln fehlen die Querbänder auf der Brust fast ganz. Das Bauchgefieder ist grauer. Es gibt drei Rassengruppen: Außer dem Wachtelastrild mit weißem Kinn gibt es den Rebhuhnastrild mit fast kaum erkennbarem weißen Kinnfleck und ohne weiße Brille. Der Schwarzkinn-Wachtelastrild hat, wie sein Name sagt, ein total schwarzes Kinn.
Stimme: Die Rufe hören sich wie „pink" und „queck" an. Sie werden

Wie kleine Hühnervögel wirken Wachtelastrilde, denn sie laufen trippelnd fort, anstatt davon zu fliegen. Sie haben sich ganz dem Leben auf dem Boden angepasst.

gereiht beim Auffliegen ausgestoßen. Der Gesang ist leises Gezwitscher mit schleifenden Passagen. Dazwischen lässt der Wachtelastrild immer wieder Rufreihen hören.
Herkunft und Lebensweise: Der Wachtelastrild lebt im Osten Afrikas. Im Westen ist der Rebhuhnastrild heimisch, in Zentralafrika der Schwarzkinn-Wachtelastrild. Alle haben eins gemeinsam: Sie sind die einzigen Prachtfinken, die sich total an ein Leben auf dem Boden angepasst haben. Wie Rebhühner oder Wachteln halten sie sich stets zwischen niedriger Bodenvegetation auf. Sie sind die einzigen Prachtfinken, die nicht hüpfen, sondern schnell trippelnd rennen. Auch fliegen sie nur bei Gefahr auf und landen nicht weit entfernt wieder im Gras. Das Nest wird unter Grasbüscheln oder Gebüsch versteckt. Da sehr gesellig, wird meistens in locke-

Das Goldbrüstchen bekommt schnell sehr lange Krallen, wenn es sie nicht an rauen Halmen oder an Schamotteplatten abschleifen kann.

ren Kolonien gebrütet. Außerhalb der Brutzeit in oft größeren Gruppen.

Haltung und Zucht: Der friedliche Wachtelastrild kann mit anderen Prachtfinken zusammen in einer großen Voliere gehalten werden. Er braucht viel Bodenfläche mit Sand und Grasbüscheln. Da er nicht viel fliegt, wäre eine flache Voliere ohne Äste, aber mit einigen größeren Steinen als bevorzugte Sitzplätze, ideal für ihn. Die Decke jeder Voliere mit Wachtelastrilden sollte aus Tuch oder Perlongaze sein. Die Vögel haben nämlich die Angewohnheit, bei Erschrecken plötzlich steil nach oben zu fliegen; an einer harten Decke könnten sie sich verletzen. Wenn mehrere Paare zusammen in einer Artenvoliere für sich gepflegt werden, sind Zucht-

erfolge am wahrscheinlichsten. Die Paare können sich dann selbst zusammenfinden. Zwar können Wachtelastrilde sehr zutraulich werden, doch Nestkontrollen nehmen sie meistens übel und gehen nicht mehr auf das Gelege oder die Jungen.

Ernährung: Wie Bunt- und Grauastrild. Das Futter sollte zu einem großen Teil auf dem Volierenboden ausgestreut werden, da Wachtelastrilde gern überall emsig suchen.

Goldbrüstchen
Sporaeginthus subflavus

Kennzeichen: Länge 9 cm. Ober- und Unterschnabel in der Mitte schwarz, an den Seiten rot. Ein breiter roter Streif zieht sich vom Schnabel über das Auge bis in den Nacken. Oberseite graugrün, Bürzel und Oberschwanzdecken rot. Die gesamte Unterseite ist leuchtend gelb, wobei Brust, Bauch und Unterschwanzdecken von hellroten bzw. orangefarbenen Federn durchsetzt sind. Brust- und Bauchseiten sind graugrün quergewellt. Der Schwanz ist schwarz, die Füße sind fleischfarben, die Augen orangerot. Das Weibchen besitzt keinen roten Überaugstreif, ist insgesamt matter gefärbt und hat nur wenige orangerote Federn an den Unterschwanzdecken. Jungvögel haben einen schwarzen Schnabel, dunkelbraune Augen und ein Gefieder wie das Weibchen, doch bräunlicher.

Stimme: Die Rufe sind nicht sehr variabel und hören sich wie „sie" und „sit" an. Der Gesang des Männchens ist ein lautes und eintöniges Schilpen,

ähnlich dem des heimischen Zilpzalps.
Herkunft und Lebensweise: Ist im ganzen Afrika südlich der Sahara beheimatet, mit Ausnahme der Tropenwaldgebiete und der trockenen Wüsten Südwestafrikas. Bevorzugt werden Sumpfgebiete und die Papyrus- und Schilfgürtel der Gewässer. Zwischen Grasbüschel und niedriges Gebüsch baut das Goldbrüstchen sein Nest. Oft werden Nester anderer Vögel angenommen.
Haltung und Zucht: Ist wenig empfindlich und eignet sich sowohl für einen größeren Käfig als auch für die Gemeinschaftsvoliere. Anderen Prachtfinken gegenüber stets friedlich, ausgenommen in Brutstimmung. Wenn das Paar harmoniert, zieht es die Jungen zuverlässig auf.
Ernährung: Wie Grauastrild.

Als einziger Prachtfink wechselt das Männchen des Tigerfinken nach der Brutzeit in ein Ruhekleid und sieht dann genauso schlicht graubraun aus wie sein Weibchen.

Tigerfink
Amandava amandava

Kennzeichen: Länge 9 cm. Schnabel, Augen, Überaugstreifen, Wangen, Kehle, Halsseiten, Brust, Bürzel und Oberschwanzdecken rot. Bauch,

Tigerfink mit gebündelten kleinen Federn und einer größeren Feder, die am dicken Ende gefasst wird.

Unterschwanzdecken und Schwanz schwarz. Stirn und Oberkopf grau, Nacken und Rücken rötlich braun. Weiße Streifen vom Schnabel zu den Augen, weiße Flecke am Kinn, weiße Punkte über fast das ganze Gefieder verteilt. Außerhalb der Brutzeit sieht das Männchen dem schlicht gelblich graubraun gefärbten Weibchen ähnlich. Dieses hat nur den Bürzel und die Oberschwanzdecken rot. bei den Jungvögeln ist der Schnabel noch schwarz.
Stimme: Die Rufe hören sich wie „sie" an, sind meistens leise, oft gereiht. Der Gesang ist wohl klingendes, abwechslungsreiches Zwitschern, das langsam immer leiser und

An den Ufern der Gewässer lebt der Olivgrüne Astrild, wo er zwischen Schilfhalme oder in Weidenbüsche sein Nest baut.

Olivgrüner Astrild verbeugt sich während der Balz.

tiefer wird. Auch das Weibchen singt.
Herkunft und Lebensweise: Indien, Indochina, Java, Kleine Sunda-Inseln sind die Heimat des Tigerfinken. Er kommt in Sumpfgebieten, Gras- und Schilfbeständen vor, ist zunehmend aber auch an Wegrändern und in Gärten anzutreffen. In niedriges Gebüsch, unter Grasbüschel oder zwischen Schilfhalme baut er sein Nest.
Haltung und Zucht: Ist ein wenig empfindlicher Vogel, leicht einzugewöhnen und im Sommerhalbjahr gut in der Gartenvoliere zu halten. Da sehr friedlich, kann er mit anderen Vögeln zusammen gepflegt werden. Die Zucht gelingt in einer Voliere mit Grasbüscheln und Gebüsch. Dort hinein wird das Nest gebaut und zwar aus Gräsern und Kokosfasern und wird mit Federchen ausgepolstert. Die Balz findet meistens auf dem Boden statt. Die Brutdauer ist mit 11–13 Tagen besonders kurz.
Ernährung: Wie Grauastrild.

Olivgrüner Astrild
Stictospiza formosa

Kennzeichen: Länge 11 cm. Kopf und gesamte Oberseite olivgrün. Oberschwanzdecken und Unterseite gelb. Flanken breit schwarzweiß quer gestreift. Schnabel und Augen rot, Füße hell fleischfarben. Das Weibchen ist unterseits etwas matter gefärbt, Jungvögeln fehlt noch die Flankenzeichnung, sie haben schwarze Schnäbel.
Stimme: Ruft „si" oder „zwi", bei Gefahr auch „psi". Der Gesang ist leises Zwitschern.
Herkunft und Lebensweise: Ist nur im Innern Indiens beheimatet. In Gras und Schilfbeständen der Flussufer, auf Zuckerrohrfeldern, aber auch in Gärten kann der Olivgrüne Astrild angetroffen werden. Das Nest wird niedrig zwischen Halmen aufgehängt. Nach der Brutzeit schließen sich die Vögel zu großen Flügen zusammen.
Haltung und Zucht: Wenig empfindlich, kann gut in der Innen- wie in der

Diamantfinken-Männchen bei der Balz.

Außenvoliere gehalten werden. Im Käfig bleibt der Olivgrüne Astrild dagegen etwas scheu. Die Brut gelingt recht leicht, doch lassen die Eltern die Jungen nach dem Schlupf oft verhungern oder werfen sie sogar aus dem Nest. Wahrscheinlich liegt das an einem zu geringen oder nicht vielseitigen Angebot an Futtertieren.
Ernährung: Wie Bunt- und Grauastrild.

Diamantfink
auch Diamantamadine genannt
Stagonopleura guttata

Kennzeichen: Länge 12 cm. Schnabel und Lidringe weinrot. Stirn, Scheitel und Nacken grau. Zügel, ein breites Brustband, Flanken und Schwanz schwarz. Auf den Flanken stehen in

Wenn Diamantfinken mit anderen Prachtfinken gemeinsam eine Voliere bewohnen, ist stets Aufmerksamkeit erforderlich, da Diamantfinken recht streitbar sein können.

schönem Kontrast große weiße Punkte, die „Diamanten". Weiß sind auch Kinn, Kehle und übrige Unterseite. Rücken und Flügel braun. Oberschwanzdecken und Bürzel rot. Füße grau. Das Weibchen hat oft blassere Lidringe und Schnabelfarbe. Jungvögel sind grau mit nur angedeuteter späterer Körperzeichnung. Der Schnabel ist schwarz.
Stimme: Lockruf zweisilbig „tjühi", klingt klagend langgezogen und ist weithin hörbar. Oft werden lange Rufreihen gebildet. Beim Männchen ist der Lockruf höher und langgezogener, beim Weibchen tiefer und quäkender. Als Warnruf lässt der Diamantfink lautes „tätätä" hören. Der Gesang ist ein tiefes Brummen. Er wird nur vom Männchen vorgetragen.
Herkunft und Lebensweise: Süd- und Südostaustralien sind seine Heimat.

Ein besonders interessanter und nicht leicht zu züchtender Pflegling ist der Gemalte Astrild. Am besten wird er in einer großen Voliere gepflegt.

Lebt dort in lichtem Wald, oft in der Nähe von Gewässern. Das große Nest wird hoch in Büschen oder Bäumen gebaut. Mehrere Paare brüten oft dich beieinander, manchmal alle im Unterbau eines Greifvogelhorstes.

Haltung und Zucht: Eine paarweise Haltung in einem großen Käfig ist möglich. Auch zur erfolgreichen Zucht kann es darin kommen. Besser ist die Unterbringung in einer Voliere. Bei Mitbewohnern kann es passieren, dass diese gejagt werden. Allerdings gibt es recht unterschiedlich aggressive Diamantfinken, so dass in einigen Fällen durchaus friedliches Zusammenleben möglich ist.

Ernährung: Wie Spitzschwanzamadine.

Gemalter Astrild
auch Gemalte Amadine genannt
Emblema picta

Kennzeichen: Länge 10 cm. Oberschnabel schwarz, Unterschnabel rot. Rot sind beim Männchen auch Gesicht, Stirn, Kinn und von dort große Partien entlang der Brust- und Bauchmitte, ferner Bürzel und Oberschwanzdecken. Oberseite sonst braun, Unterseite schwarz, auf den Flanken viele weiße Tropfenflecke. Diese nehmen beim Weibchen die ganzen Bauch- und Brustseiten ein und reichen bis zum Kinn. Dafür hat es kaum Rot in der Bauchmitte und im Gesicht, hier reicht es nur vom Schnabel bis um die dunkelbraunen Augen. Füße gelblichbraun. Jungvögel mehr schwarzbraun, kaum Andeutungen der späteren Zeichnung, nur mattes Rot.

Stimme: Lockruf leise „tschok", als Distanz- und Warnruf „tschik", sehr laut und oft gereiht. Ein krächzender Wutlaut wird vom Männchen ausgestoßen, wenn es andere Männchen aus der Nähe des Nestes vertreibt. Der Gesang kann sehr unterschiedlich klingen. Er wird recht laut und mit schräg nach oben gerichtetem Schnabel ausgestoßen, wobei der Kopf hin und her gedreht wird. So klingt er etwas leiernd und melancholisch.

Herkunft und Lebensweise: Die heißesten und trockensten Gebiete im inneren und nordwestlichen Australien. Er ist darum an die wenigen Wasserstellen gebunden. Da in diesen Halbwüsten und Steppen kaum Bäume und Büsche wachsen, baut er sein Nest in die Büschel stacheliger Gräser. Unter das Nest kommt eine Unterlage aus Zweigstückchen, Steinchen, Erdklumpen und Holzkohlestücken.

Haltung und Zucht: Kaum für einen großen Käfig geeignet, um so mehr für eine Voliere. Darin kann das Paar mit weiteren der gleichen Art oder mit anderen Prachtfinken untergebracht werden. Wird sehr zutraulich und brütet in einer gut eingerichteten Voliere zuverlässig.

Ernährung: Wie Binsenastrild.

Sonnenastrild
auch Sonnenamadine genannt
Neochmia phaeton

Kennzeichen: Länge 13 cm. Insgesamt rot, auf dem Rücken und dem Scheitel

Die Sonnenamadine ist wegen ihrer Aggressivität nur etwas für erfahrene Liebhaber. Zu oft hat ein Männchen nämlich schon sein Weibchen getötet.

mit Braun vermischt. Bauch und Unterschwanzdecken bei zwei Unterarten schwarz, bei zwei weiteren weiß. Füße gelblich braun. Manche Vögel haben weiße Punkte an den Brustseiten. Weibchen haben nur wenig Rot im Gesicht. Sonst sind sie graubraun gefärbt und tragen ebenfalls Punkte an den Flanken. Unterseite bei den schwarzbäuchigen Unterarten hellbraun, bei den weißbäuchigen

Die Binsenamadine hängt ihr Nest gern zwischen Gras- und Schilfhalme.

Haltung und Zucht: Sollte paarweise in einem großen Käfig oder in einer Voliere gepflegt werden. Für eine Gesellschaft mit anderen Prachtfinken ist er zu aggressiv. Für die Zucht sollten möglichst große, vorn ganz oder halb offene Nistkästen geboten werden. Wenn das Paar harmoniert und die richtige Nahrung geboten wird, zieht es die Jungen problemlos auf.
Ernährung: Wie Binsenastrild.

Binsenastrild
auch Binsenamadine genannt
Bathilda ruficauda

Kennzeichen: Länge 11 cm. Schnabel, Gesicht, Stirn und Kinn rot. Augen orangerot. Oberseite, Kehle und Brust graugrün. Oberschwanzdecken und Oberseite des dunkelbraunen Schwanzes weinrot. Bauch und Unterschwanzdecken gelb. Vom Gesicht bis zur Brust und den Flanken zieren viele kleine weiße Flecke das Gefieder. Diese sind über den Augen am kleinsten und in der Brustmitte am größten. Füße orangegelb. Beim Weibchen ist das Rot nur von einem schmalen Stirnband über die Zügel bis hin zu ganz wenigen Federn unter dem Schnabel ausgedehnt. Jungvögel haben einen schwarzen Schnabel, kein Rot, keine weißen Pünktchen und sind insgesamt brauner gefärbt.
Stimme: Der Stimmfühlungslaut ist leises „plitt" oder „pit". Als Lockruf ein hohes „sik", über große Distanz lang gezogen „ssiep". Der Gesang ist ziemlich leises Flöten und Trillern, das auf- und absteigt und mit einem schnellen Schnurren endet.

weiß. Jungvögel matt graubraun bis gelbbraun gefärbt und zeigen nur wenig Rot auf dem Bürzel. Ihr Schnabel ist noch nicht rot, sondern schwarz.
Stimme: Der Lockruf kann sehr leise „tschick" klingen, als Distanzruf auch laut. Als Warnlaut wird eine Rufreihe ausgestoßen, die sich wie „tschack-tschack-tschack" anhört. Ein einzelnes Männchen möchte mit lautem „hühü" ein Weibchen herbeirufen. Der Gesang ist abwechslungsreich und besteht aus wohl tönenden und krächzenden Lauten, die alle mehrfach wiederholt werden.
Herkunft und Lebensweise: Nordaustralien und der Süden Neuguineas sind seine Heimat. Liebt die Wassernähe und ist im hohen Gras und Schilf zu finden. Das Nest wird im Gezweig der Bäume, aber auch an und in Gebäuden errichtet.

Herkunft und Lebensweise: Große Schilf- und Grasbestände im Norden Australiens sind seine Heimat. Hat sich in Reis- und Zuckerrohrpflanzungen angesiedelt. Brütet zwischen Gräsern in Bodennähe, manchmal auch im Gebüsch oder im Gezweig kleiner Bäume, dabei oft lockere Kolonien bildend. Auch außerhalb der Brutzeit gesellig und dabei in kleinen Flügen bis in großen Schwärmen anzutreffen.

Haltung und Zucht: Ist ein friedlicher, sehr widerstandsfähiger Vogel, der sich in größeren Käfigen und vor allem in Volieren wohl fühlt, besonders wenn diese mit Ginster, Schilf oder Gebüsch ausgestattet sind. Am liebsten baut der Binsenastrild frei stehend das Nest zwischen Gezweig oder Halme. Es werden aber auch Nistkörbchen angenommen. Brütet zuverlässig, reagiert jedoch oft empfindlich auf Nestkontrollen.

Ernährung: Viel Keimfutter. Halbreife Sämereien und Grünes sind notwendig, vor allem für die Aufzucht der Jungen. Auch wird dann viel eiweißreiche Kost gebraucht, wobei eigentlich alles genommen wird, was im Kapitel „Aufzuchtfutter und tierische Nahrung" empfohlen ist.

Zeresfink
auch Zeresamadine genannt
Aidemosyne modesta

Kennzeichen: Länge 11 cm. Schnabel schwarz, die Seiten des Unterschnabels blaugrau. Stirn und Oberkopf, Zügel und Kehlfleck schwarz, auf dem Kopf von einigen roten Federn durchsetzt. Oberseite braun mit weißen

Bei der Zeresamadine ist der Unterschied zwischen Männchen und Weibchen besonders deutlich zu erkennen.

Punktreihen auf den Flügeldecken und großen weißen Flecken auf Bürzel und Oberschwanzdecken. Unterseite weißlich mit brauner Querstreifung. Schwanz schwarzbraun mit weißen Spitzen an den äußeren Federn. Augen schwarz, Füße hell fleischfarben. Beim Weibchen sind die Augenumgebung und das Kinn weißlich. Die Jungen haben noch nicht die Punktreihen und die Querbänderung. Sie sind mattbraun.

Stimme: Als Stimmfühlungslaut dient ein leises „tlip", als Distanzruf ein lautes „tjüt", das auch während des Fluges dem Zusammenhalt des Schwarms

Ein sehr lebhafter und neugieriger Vogel ist die Ringelamadine, bei der es fast unmöglich ist, Männchen und Weibchen zu unterscheiden.

dient. Zur Warnung wird ein „djatt" klingender Laut ausgestoßen. Der Gesang ist ein leises Flöten, das auch einige lautere Töne enthält.

Herkunft und Lebensweise: Der Zeresfink ist im Osten Australiens zu Hause. Lebt dort in der Nähe von Wasserstellen und baut sein kleines Nest in dichtes Gebüsch oder zwischen senkrecht stehende Halme. Nach der Brutzeit zieht er in oft großen Schwärmen von Wasserstelle zu Wasserstelle und kommt dann oft auch in Gärten, Parkanlagen und Felder.

Haltung und Zucht: Frisch importierte Zeresfinken waren sehr empfindlich gegenüber niedrigen Temperaturen. Die heute erhältlichen Vögel sind alle hier gezüchtet worden und daher gut akklimatisiert und nicht mehr so empfindlich. Sie sind auch gute Zuchtvögel, wenn ihnen in einer großen Voliere verschiedene Nistgelegenheiten geboten werden. Dabei bauen sie ebenso gern freistehend in dichtes Gebüsch wie in einen Nistkasten. Am Nest sind sie empfindlich gegenüber Störungen und können Gelege oder Junge daraufhin verlassen.

Ernährung: Wie Spitzschwanzamadine.

Ringelastrild
auch Ringelamadine genannt
Stizoptera bichenovii

Kennzeichen: Länge 10 cm. Schnabel silbrig grau, Gesicht und die ganze Unterseite weiß, wobei der Bauch etwas gelblich erscheint. Von der schwarzen Stirn zieht sich ein schwarzes Band um das Gesicht und über die Kehle. Ein zweites schwarzes Band verläuft quer über die Brust. Oberseite vom Scheitel bis zum weißen Bürzel graubraun mit feiner dunkler Querwellung. Schwanz und Flügel schwarz, auf den Flügeln und Flügeldecken mit zahlreichen weißen Pünktchen. Augen dunkel, Füße grau. Geschlechter schwer zu unterscheiden, doch sind beim Weibchen Kehl- und Brustband meistens etwas schmaler. Jungvögel sind grauer und unklarer gezeichnet.

Stimme: Ähnlich der des Zebrafinken, doch insgesamt in etwas höherem Tonfall.

Herkunft und Lebensweise: Ist im Norden und Osten Australiens beheimatet. Busch- und baumreiches Grasland sind ihr Lebensraum, wenn eine Wasserstelle in der Nähe ist. Hat sich auch in Gärten, an Wegen und Feldrändern eingefunden. Brütet am liebs-

Das Zebrafinken-Männchen zeigt sich seinem Weibchen während der Balz oft mit hoch gestellten Federn.

ten zu mehreren Paaren in dichten Büschen.

Haltung und Zucht: Ist ein stets munterer friedlicher Pflegling für die paarweise Haltung in einem sehr großen Käfig oder für die Gesellschaftsvoliere. Die Zucht gelingt leicht, wenn genügend Nistgelegenheiten und Nistmaterial zur Auswahl stehen.

Ernährung: Wie Zebrafink, jedoch noch mehr tierische Nahrung.

Zebrafink
Taeniopygia guttata

(Fotos Seite 3 und 121)
Kennzeichen: Länge 10 cm. Schnabel, Augen und Füße rot. Stirn grauschwarz geschuppt, Scheitel, Nacken und Halsseiten hellgrau. Rücken, Flügeldecken und Schwingen mehr braungrau. Zügel und senkrechter Bartstrich weiß, durch einen schwarzen Tränenstrich vom orangebraunen Wangenfleck getrennt. Kinn, Kehle und Vorderbrust durch schwarzweiße

Querstreifung gezeichnet, ebenso die Oberseite des Schwanzes, diese aber viel gröber. Rotbraune, weiß getupfte Flankenbänder machen den Zebrafinken noch bunter. Der Bürzel und die Unterseite sind weiß, wobei die Unterschwanzdecken oft ins Gelbbraune übergehen. Dem Weibchen fehlen alle rotbraunen Abzeichen und auch die Zebrazeichnung von Kinn, Kehle und Brust. Jungvögel sehen dem Weibchen ähnlich, sind aber matter gefärbt und haben schwarze Schnäbel.

Stimme: Der Lockruf ist trompetend und langgezogen „tiää", der Stimmfühlungslaut ist ein leises, kurzes „det". Wütendes Zischen wird ausgestoßen, wenn ein Artgenosse oder anderer Vogel verjagt wird. Während der Paarung lassen beide Vögel leise Rufe hören. Der Gesang, nur vom Männchen vorgetragen, ist ein holperig klingendes wiederholtes Trompeten und Glucksen.

Herkunft und Lebensweise: Fast ganz Australien ist die Heimat des Zebrafinken. Lebt sowohl in den Halbwüsten Zentralaustraliens wie in den Baumsteppen, in den Dörfern, Städten und auf Farmland. Brütet an und in Gebäuden, sonst zu mehreren Paaren in dichtem Gebüsch.

Haltung und Zucht: Der Zebrafink ist wie kein anderer Prachtfink bekannt. Als ein besonders robuster Vogel ist er vor allem Anfängern zu empfehlen. Da seit 1960 keine Vögel mehr von Australien ausgeführt werden, sind alle bei uns angebotenen Zebrafinken hier geschlüpft. Es gibt also keine Probleme mit der Eingewöhnung. Der Zebrafink eignet sich sowohl für die Haltung im Käfig wie für die Zimmer-

Ein Pärchen Maskenamadinen wird nur dann erfolgreich Junge großziehen, wenn es selbst aus einem Schwarm heraus zusammengefunden hat.

und Gartenvoliere. In letztere darf er nur dann im Winter gelassen werden, wenn er jederzeit einen Innenraum mit mindestens 12 °C aufsuchen kann. Der Zebrafink ist im Allgemeinen friedlich, doch bei zu starker Besetzung einer Voliere und bei kleineren und zarteren Mitbewohnern kann er auch streitsüchtig werden, vor allem, wenn er in Brutstimmung kommt. Das ist die meiste Zeit der Fall. Er brütet in Körbchen und Kästen aller Art und zieht die Jungen fast immer sehr zuverlässig auf.

Ernährung: Wie Spitzschwanzamadine, doch wird meistens nicht so viel tierische Nahrung angenommen.

Maskenamadine
Poephila personata

Kennzeichen: Länge 14 cm. Schnabel gelb. Eine schwarze Gesichtsmaske erstreckt sich von der Stirn bis zum Kinn, die rotbraunen Augen einschließend. Sonst ähnelt die Maskenamadine der Spitzschwanz- und der Gürtelamadine. Ihr Gefieder ist allerdings heller und zarter braun gefärbt. Das Weibchen hat fast immer etwas schmalere Weichenbänder und eine kleinere Maske. Jungvögel sind matter gefärbt und haben einen schwarzen Schnabel.

Stimme: Lockt „tät" und „tjäta", über Distanz auch sehr lang gezogen und laut. Der Gesang wird nur vom Männchen vorgetragen. Er besteht aus einer Aneinanderreihung von Lockrufen, abgewechselt von gequetschten und pfeifenden Tönen.

Herkunft und Lebensweise: Nordaustralien, südwärts bis zum 18. Breitengrad. Bewohnt die gleichen Savannen wie die Spitzschwanzamadine, allerdings auch baumlose Gebiete, wo sie ihr Nest in niedrige Büsche oder einfach zwischen Grasbüschel baut.

Haltung und Zucht: Sehr friedlich, weshalb die Maskenamadine auch zu mehreren Paaren in einer Voliere gehalten werden kann, auch für die Zucht. Sie streiten dann kaum, sondern regen sich gegenseitig zur Brut an. Außerdem können sich die Paare aus einem kleinen Schwarm heraus selbst zusammenfinden. Die Paarharmonie ist bei der Maskenamadine ganz besonders wichtig, sonst wird keine Brut zum Erfolg geführt, oft nicht einmal angefangen. Für den Nestbau werden Kokosfasern, weiche Gräser, Scharpie und Federchen verwendet. Gern wird Holzkohle ins Nest getragen.

Ernährung: Wie Spitzschwanzamadine.

Wie in der Natur bevorzugt die Gürtelamadine auch in der Voliere besonders hohe Nistplätze.

Gürtelamadine
Poephila cincta

Kennzeichen: Länge 11 cm. Im Aussehen wie die Spitzschwanzamadine, doch ist der Schnabel schwarz, das Kopfgefieder weißlicher grau, die Farbe der Ober- wie der Unterseite intensiver braun. Der rosa Anflug, wie bei Spitzschwanzamadinen, fehlt. Vor allem fehlen die langen Schwanzspieße. Junge beider Arten sind anfangs nicht zu unterscheiden.

Stimme: Wie bei der Spitzschwanzamadine. Die Rufe sind jedoch höher und quäkender, der Gesang dagegen tiefer und leiser. Nur das Männchen singt.

Herkunft und Lebensweise: Ist im östlichen Australien beheimatet. Auf der Kap-York-Halbinsel leben zwei Unterarten, die keinen weißen, sondern einen schwarzen Bürzel haben; sie werden Digglesfink bzw. Schwarzbürzel-Gürtelamadine genannt. Die Gürtelamadine lebt in der Savanne, liebt die Nähe von Wasserstellen und brütet gern in dichten Baumgruppen, hoch im Gezweig, oft sogar im Unterbau von Greifvogelhorsten. Auch in Baumhöhlen und löcherige Termitenbaue wird Nistmaterial eingetragen und gebrütet.

Haltung und Zucht: Wie Spitzschwanzamadine. Manche Gürtelamadinen sind unverträglicher.

Bei der Spitzschwanzamadine ist das Männchen am breiteren Kehllatz und an breiteren Weichenbändern zu erkennen. Meistens ist bei ihm auch der Schnabel etwas kräftiger gefärbt.

Ernährung: Ebenfalls wie Spitz-schwanzamadine.

Spitzschwanzamadine
Poephila acuticauda

Kennzeichen: Länge 17 cm. Schnabel und Füße je nach Unterart rot oder gelb. Augen braun. Zügel, ovaler Kehlfleck, vorderer Bürzel und Flan-kengürtel samtschwarz. Auch die

Schwanzfedern, von denen die mittle-ren beiden in haarfeine Spieße auslau-fen, sind schwarz. Kopf und Halssei-ten silbergrau. Rücken und Flügel zart pastellbraun, Brust und Bauch hell ro-senholzbraun. Hinterer Bürzel, Ober- und Unterschwanzdecken weiß, um die Kloake herum etwas gelblich. Beim Weibchen sind Kehllatz und Flankenbänder in der Regel schmaler. Bei Jungvögeln sind Schnabel und Füße anfangs schwarz, das Gefieder ist stumpf braun, am Kopf düster grau. Kehllatz, Flankenbänder und Schwanz sind bei Ihnen aber schon schwarz.

Stimme: Rufe und Gesang sehr variabel in reinen und gequetscht klingenden Tönen. Der Fernlockruf ist ein lautes „tüi", ein Beschwichtigungslaut klingt wie „krakrakra" und als Warnlaut wird ein hartes „tück" ausgestoßen. Der Gesang besteht meistens aus einer schnellen Folge von Flötlauten mit lang gezogenem Schlusspfiff. Da nur das Männchen singt, kann es so am besten vom Weibchen unterschieden werden.

Herkunft und Lebensweise: Spitzschwanzamadinen leben im Norden Australiens mit Ausnahme der Kap-York-Halbinsel. Savannen und Trockensteppen sind ihr Lebensraum. Wo möglich, wird das Nest hoch auf Eukalyptusbäumen oder Schraubenpalmen gebaut, sonst auch in Gebüschen oder im Gras. Eine Anzahl von Paaren brütet in einer lockeren Kolonie. Frischreife Grassamen und viele Termiten werden an die Jungen verfüttert. In der Trockenzeit halten sie sich in Schwärmen in der Nähe der verbliebenen Wasserstellen auf.

Haltung und Zucht: Leicht zu pflegen, friedlich gegenüber anderen Prachtfinken, mit Ausnahme der nächsten Verwandten Masken- und Gürtelamadine. Arteigene Vögel können gejagt werden, wenn ein Paar in Brutstimmung kommt. Die Zucht bereitet am wenigsten Probleme, wenn das Paar in einem Meterkäfig untergebracht ist. Die Balz geht mit vielem Beschwatzen und Verbeugen vor sich. Nur wenn das Paar gut harmoniert zieht es die

Besonders farbenprächtig ist die Lauchgrüne Papageiamadine. Ihre Zucht gelingt am leichtesten, wenn mehrere Paare in einer großen Voliere gemeinsam gehalten werden.

Jungen vorbildlich auf. Sonst kann es dazu kommen, dass die Eltern zu füttern aufhören oder die Jungen gar aus dem Nest werfen.

Ernährung: Exotenmischfutter und Grünes reichen für die Ruhezeit. Während der Brutperiode werden Keim- und Eifutter, Weichfutter und vielerlei tierische Nahrung benötigt.

Lauchgrüne Papageiamadine
Erythrura prasina

Kennzeichen: Länge 15 cm. Stirn, Wangen und Kehle blau, Zügel schwarz. Oberkopf, Rücken und Flügel grün, Schwingen schwärzlich. Oberschwanzdecken und die mittleren, spießartig verlängerten Schwanzfedern sind rot, die übrigen schwärzlich mit roten Säumen. Brust, Bauch und Unterschwanzdecken bräunlich

Die friedliche Dreifarbige Papageiamadine ist stürmisch und darum für Käfighaltung nicht geeignet. In einer Voliere zieht sie dagegen zuverlässig Junge groß.

gelb. Brustmitte mit rotem Fleck, der verschieden groß sein kann. Manchen Vögeln fehlt das Rot, so dass die Brust gelb ist. Augen dunkelbraun, Schnabel schwarz, Füße fleischfarben. Weibchen ohne Rot an der Brust. Stirn und Kehle matt grün, an den Wangen mit schwachem blauen Schimmer. Dieser fehlt den Jungvögeln. Sie haben graue Wangen. Sonst sehen sie dem Weibchen ähnlich.

Stimme: Ruft „zi" oder „zizizi". Der Gesang ist ein knisterndes scharfes Zirpen, der nur vom Männchen zu hören ist.

Herkunft und Lebensweise: Indochina, Malaysia, Sumatra, Borneo und Java sind ihre Heimat, Waldränder, Bambusdickichte und Ufervegetation ihr Lebensraum. Dort brütet sie auch, wobei das Nest im dichten Gebüsch gut versteckt wird. Felder mit reifendem Reis locken sie an, wenngleich große Grassamen und die anderer Wildkräuter auch genommen werden. Oft versammeln sich große Schwärme in den Reisfeldern, um danach aus dem Gebiet wieder zu verschwinden.

Haltung und Zucht: Ein widerstandsfähiger, harter Vogel, dessen Eingewöhnung keine Probleme bereiten sollte. Leider wird er jedoch nach dem Fang und auf dem Transport nur mit geschältem oder hartem „Paddy-Reis" gefüttert. Durch das Fehlen wichtiger Nährstoffe und Vitamine kommt es dann häufig zu Leberschäden und Lähmungen. Durch den heutigen schnellen Flugtransport sind viele gesunde Tiere unter den Importen, was früher leider nicht der Fall war. Die Lauchgrüne Papageiamadine ist ein friedlicher Vogel, sowohl gegenüber anderen Vögeln, wie auch gegenüber Artgenossen. So können mehrere Paare zusammen in einer Voliere gehalten und zur Zucht gebracht werden. Sie regen sich dazu gegenseitig an. Auch kommen die Vögel dann gleichzeitig in die Mauser, die bei dieser Art zweimal im Jahr stattfindet. Die gleichzeitige Mauser beider Partner ist Voraussetzung für einen Zuchterfolg.

Ernährung: Reis bildet die Hauptnahrung für diese Papageiamadine. Jedoch darf es kein geschälter Reis oder trockener, keimunfähiger Paddy-Reis sein, sondern gekeimter Paddy-Reis und ebenfalls keimfähiger Naturreis. Daneben dürfen auch großkörnige Hirsesorten, Glanz- und Kolbenhirse geboten werden, ferner Weizen und Hafer, ebenfalls alles möglichst gekeimt. An Grünfutter geht die Lauchgrüne Papageiamadine oft nicht, was auch für süßes Obst zutrifft. Tierische Nahrung wird von den meisten Vögeln dieser Art nicht angenommen, auch nicht für die Aufzucht der Jungen.

Dreifarbige Papageiamadine
Amblynura trichroa

Kennzeichen: Länge 12 cm. Überwiegend grün gefärbt. Stirn, Gesicht und Ohrgegend blau, Bürzel, Oberschwanzdecken und Oberseite der Schwanzfedern rot. Augen und Füße braun, Schnabel schwarz. Das Weibchen hat etwas weniger leuchtende Farben und das Blau im Gesicht ist weniger ausgedehnt. Jungvögel mehr graugrün. Das Blau kann noch ganz fehlen oder nur angedeutet vorhanden sein. Der Schnabel zeigt noch viel Gelb.

Stimme: Das Männchen lässt lange Triller hören, sowohl als Warnlaut wie auch als Lockruf und als Balzgesang. Das Weibchen stößt nur einzelne oder doppelte scharfe „zit"-Rufe aus.

Herkunft und Lebensweise: Bewohnt in verschiedenen Unterarten Celebes, die Molukken, Neuguinea, den Nordosten Australiens und eine Anzahl von Inseln im West-Pazifik. Hält sich vor allem an den Rändern der Wälder im Flachland wie im Gebirge auf. Kommt auch auf die Plantagen. Als Nahrung gelten vor allem halbreife Grassamen, aber auch süße Früchte und Insekten. Das Nest wird meistens hoch in das Gezweig von Bäumen gebaut.

Haltung und Zucht: Ist wenig empfindlich, aber sehr lebhaft und scheu. Für die Haltung im Käfig darum nicht zu empfehlen. In der Voliere ideal. Dort brütet das Paar auch zuverlässig. Ist gegenüber anderen Vögeln friedlich. Das Weibchen wird bei der Balz heftig gejagt. Für das Nest werden meistens große halb offene oder Wellensittich-Nistkästen angenommen. Es

*Eine der schönsten und beliebtesten Papageiamadinen ist die Rotköpfige Papagei-
amadine. Sie zieht die Jungen zuverlässig auf, selbst in einer Kleinvoliere.*

werden lange Gräser und Kokosfasern verbaut.

Ernährung: Wie Binsenastrild, auch süßes Obst und Früchte. An tierischer Nahrung wird unterschiedlich viel genommen.

Rotköpfige Papageiamadine
Amblynura psittacea

Kennzeichen: Länge 12 cm. Grün, nur der Kopf von der Stirn bis zur Ohrgegend und zur Kehle sind rot, ebenso der Bürzel, die Oberschwanzdecken und die Oberseite der Schwanzfedern. Schnabel schwarz, Augen dunkelbraun, Füße graubraun. Die rote Gesichtsmaske ist beim Weibchen meistens kleiner, die Farben sind oft etwas matter. Jungvögel düster graugrün mit nur wenig oder keinem Rot am Kopf. Der Schnabel ist gelb mit schwarzer Spitze.

Stimme: Die Rufe sind „zi-zi", je nach Anlass schärfer oder weicher. Ebenso ist es mit dem lang gezogenen Triller des Männchens.

Herkunft und Lebensweise: Stammt von Neu-Kaledonien (französische Insel östlich von Australien). Lebt dort ähnlich wie bei der Dreifarbigen Papageiamadine beschrieben.

Haltung und Zucht: Stimmt darin mit der Dreifarbigen Papageiamadine überein, ist aber nicht so stürmisch wie jene und kann manchmal in einer Kleinvoliere erfolgreich zur Brut gebracht werden. Zuverlässiger brütet sie in einer größeren Voliere, auch in Gesellschaft anderer Prachtfinken.

Ernährung: Wie Binsenastrild. Es werden aber auch gern süße Früchte angenommen.

Gouldamadine
Chloebia gouldiae

(Foto auf Seite 1)

Kennzeichen: Länge 11 cm, mit den beiden mittleren Schwanzspießen 13–15 cm. Rücken und Flügeldecken grün, Bürzel und Oberschwanzdecken hellblau. Die Unterseite ist gelb, zum Schwanz hin weiß, Schwanz schwarz, Brust lila. Um Scheitel und Kehle läuft ein hellblaues Band, das auf dem Hinterkopf in helles Grün übergeht. Kinn und Kehle schwarz, Stirn, Oberkopf und Wangen schwarz, rot oder gelb bis orange. Der Schnabel ist hornfarben, zur Spitze hin rötlich, bei gelbköpfigen Vögeln gelb. Die Füße sind hell fleischfarben, die Lidringe der dunkelbraunen Augen sind hellblau. Das Weibchen ist gleich gefärbt, doch sind das Lila des Brustschildes und das Gelb des Bauches viel blasser. Die rote oder gelbe Gesichtsmaske ist weniger leuchtend, ebenso die grüne Farbe der Oberseite. Jungvögel sehen graugrün aus, unterseits heller. Ihr Schnabel ist schwarz.

Stimme: Der Kontaktruf ist ein hohes „sitt" oder „sitt-sitt", über weitere Entfernung lauter und schärfer „zitt-zitt". Als Verlassenheitsruf dient ein klagendes „zrühiet". Der Warnruf hört sich wie „zett-zett" an. Die Gouldamadine verfügt über noch mehr Lautäußerungen (s. das Buch „Gouldamadinen" im Literaturverzeichnis). Der Gesang des Männchens ist ein recht leises schleifendes Zwitschern.

Herkunft und Lebensweise: Lebt im Norden Australiens und zwar dort, wo alte Eukalyptusbäume in der Nähe von Wasserstellen stehen. Sie brütet in lockeren Kolonien und baut ihr Nest in Höhlen der alten Bäume. Nach der Brutzeit ist sie in Schwärmen unterwegs, immer auf der Suche nach Wasserstellen.

Haltung und Zucht: Wegen ihres großen Wärmebedürfnisses in früheren Jahren war die Gouldamadine empfindlich und nicht leicht zu halten. Heute ist sie robust und kann bei normaler Zimmertemperatur gepflegt werden. Die Zucht gelingt recht leicht, wenn sich die Partner aus einem Schwarm heraus finden können. Gouldamadinen sind sowohl in einem großen Käfig wie in einer Voliere gut zu pflegen. Sie werden sehr zutraulich.

Ernährung: Stimmt hierin mit Spitzschwanzamadine und Binsenastrild überein. Die Vögel sollten an tierische

Reisfinken sind sehr hübsche Vögel, die sich besonders als kleiner Schwarm in einer Voliere von ihrer besten Seite zeigen. Ihre Zucht ist nicht ganz leicht.

Nahrung gewöhnt werden, dann werden die Jungen kräftiger und überstehen die schwere Zeit der Jugendmauser ohne Probleme.

Reisfink
Padda oryzivora

Kennzeichen: Länge 14 cm. Kopf, Bürzel und Schwanz schwarz. Große weiße Wangenflecke sind schwarz eingerahmt. Rücken und Flügel sowie die Brust blaugrau, Bauch rötlich grau.

Schnabel und Augenringe rot, Füße rosa. Die Augen sind braun. Das Weibchen ist gleich gefärbt, hat aber meistens einen weniger wuchtigen Schnabel. Jungvögel haben einen schwarzen Schnabel, sind oberseits dunkelgrau, unterseits hellgrau gefärbt.

Stimme: Rufe scharf „tik" oder „teck". Bei Streit lassen Reisfinken schnarrende Laute hören. Das Männchen singt leise, doch recht angenehm klingelnd und mit einem Trillern endend.

Der Reisfink verbeugt sich während der Balz.

Herkunft und Lebensweise: Java und Bali sind die Heimat des Reisfinken. Durch den Menschen in weiten Teilen Südostasiens eingebürgert, ferner auf verschiedenen Inseln im Südpazifik und vor der ostafrikanischen Küste. Ist in Dörfern, an Feld- und Wegrändern anzutreffen, aber auch in buschreichem Grasland. Zur Brutzeit paarweise oder in kleinen Kolonien, wobei unter Dächern, in Baumhöhlen, zwischen Schlingpflanzen und dichtes Gebüsch das umfangreiche Nest aus Gräsern errichtet wird. Nach der Brutzeit in oft großen Flügen, vor allem in den Reisfeldern.

Haltung und Zucht: Ist seit mehreren Jahrhunderten in China und Japan gehalten und, vor allem in der weißen Form, gezüchtet worden. Da recht friedlich, kann der Reisfink gut mit anderen Prachtfinken zusammen in einer Voliere gehalten werden. Der Käfig für ein Pärchen sollte mindestens 1 m lang sein. Darin können weiße, gescheckte oder isabellfarbene Reisfinken auch gezüchtet werden, während wildfarbene Vögel, vor allem wenn sie Wildfänge sind, sich fast nur in einer

größeren Voliere vermehren lassen. Sind Anzahl der Eier mit 5–6 und die Brutdauer mit 14 Tagen normal, so bleiben die Jungen oft nicht nur 3 Wochen im Nest, sondern manchmal 4–5 Wochen. Sie entwickeln sich also langsam.

Ernährung: Großkörnige Hirsesorten und Glanz bilden die Grundnahrung. Angekeimt nimmt der Reisfink gern Naturreis und Weizen. Milchig reifer Hafer und Rispengräser sind sehr begehrt. Für die Aufzucht von Jungen nehmen manche Paare keine tierische Nahrung, andere mögen Mehlwürmer, Ameisenpuppen und andere Insekten. Sogar Ei- und Weichfutter wird von einigen Reisfinken als Aufzuchtfutter angenommen.

Braunbrust-Schilffink
Munia (Lonchura) castaneothorax

Kennzeichen: Länge 11 cm. Gesicht und Kehle schwarz, Scheitel und Nacken grau geschuppt. Rücken und Flügeldecken braun, Bürzel, Oberschwanzdecken und mittlere Schwanzfedern je nach Unterart kastanienbraun bis gelbbraun, durch einen schwarzen Querstreif vom weißen Bauch getrennt. Unterschwanzdecken schwarz. Augen braun, Schnabel stahlgrau, Füße grau. Männchen und Weibchen sind gleich gefärbt. Jungvögel sind insgesamt grauer gefärbt.

Stimme: Der Lockruf ist leise und weich „dit" oder „ditditdit". Als Distanzruf wird ziemlich laut und klingend ein „tlit" ausgestoßen, ähnlich auch im Fluge. Der Gesang ist leise

Der Braunbrust-Schilffink brütet gern zwischen Gräsern und Schilfbeständen. Das Nest wird kunstvoll zwischen die Halme geflochten.

und wird in ziemlich hoher Tonlage vorgetragen. Er ist trillernd und zwitschernd und wird nur vom Männchen beherrscht.

Herkunft und Lebensweise: Ist in Neuguinea und im Norden und Osten Australiens heimisch. Große Gras- und Schilfbestände sind sein Lebensraum. Das Nest baut er zwischen die Halme und zwar dicht über dem Boden, auch in Reis-, Gerste- und Zuckerrohrfelder. Da sehr gesellig, brütet er mit anderen Paaren in Kolonien und bildet nach der Brutzeit große Schwärme.

Haltung und Zucht: Nach der Eingewöhnung sehr widerstandsfähig. Für den Käfig wenig geeignet, weil er darin zu ruhig lebt und bald fett wird. In einer Voliere dagegen ist er lebhaft und interessant. Da auch friedlich,

kann er mit anderen Prachtfinken zusammen untergebracht werden. Wenn Schilf- und Ginstergezweig in der Voliere sind, klettern die Vögel daran herum und nutzen die zu lang gewordenen Krallen auf natürliche Weise ab. Zwischen den Halmen bauen sie gern ihr Nest, nehmen aber auch halb offene Kästen und geflochtene Körbchen an. Die Zucht gelingt meist ohne Schwierigkeiten, wenn für richtiges Aufzuchtfutter gesorgt wird.

Ernährung: Ein Hirse-Glanz-Gemisch, auch gekeimt, bildet die Grundnahrung. Kolbenhirse wird ebenso geschätzt. Am begehrtesten sind Grasrispen und Wildkräuter aller Art. Selbst Obst und Gemüse werden genommen. Ferner ist eiweißreiche Nahrung nötig, zur Aufzucht der Jungen in größerer Menge. Dafür eignen sich Ameisenpuppen, Getreideschimmelkäfer-Larven, Mehlwürmer, Pinkys und Enchyträen. Hart gekochtes Eigelb und Weichfutter werden von manchen Vögeln als Ersatz nicht verschmäht.

Gelber Schilffink
Munia (Lonchura) flaviprymna

Kennzeichen: Länge 11 cm. Kopf, Kehle und Nacken sind weiß, hell graugelb überhaucht. Der Rücken ist kastanienbraun, Brust und Bauch bräunlichgelb. Schenkel und Unterschwanzdecken schwarz, Bürzel und Oberschwanzdecken rostbraun, ebenso die mittleren Schwanzfedern. Die übrigen Schwanzfedern und die Schwingen sind schwarzbraun. Augen dunkelbraun, Schnabel blaugrau, Füße braun. Weibchen sind gleich gefärbt,

Da der Gelbe Schilffink oft in den gleichen Grasbeständen wie der Braunbrust-Schilffink brütet, kommt es nicht selten zu Mischlingen beider Arten.

Jungvögel matter braun und haben noch nicht so helles Kopfgefieder.
Stimme: Wie Braunbrust-Schilffink.
Herkunft und Lebensweise: Ist im Norden Australiens beheimatet. Bewohnt Gras- und Schilfdickichte, oft in Kolonien mit dem Braunbrust-Schilffinken.
Haltung und Zucht: Alles wie beim Braunbrust-Schilffinken.
Ernährung: Ebenfalls wie beim Braunbrust-Schilffinken.

Schwarzbauchnonne
Munia (Lonchura) malacca

Kennzeichen: Länge 12 cm. Der Kopf ist bis zur Vorderbrust schwarz, ebenso der Bauch und die Unterschwanzdecken. Das übrige Gefieder ist hübsch kastanienbraun. Männchen und Weibchen sind gleich gefärbt. Jungvögel sind insgesamt graubraun, haben noch keinen silbergrauen, sondern einen schwarzen Schnabel. Die Dreifarbennonne, *Munia malacca malacca*, eine von mehreren Unterarten, hat die Hinterbrust und die Flanken nicht rotbraun, sondern weiß.

103

Die friedlichen Schwarzbauchnonnen machen nur Freude, wenn sie in kleinem Schwarm in einer Voliere gehalten werden. Dann ist auch ein Zuchterfolg möglich.

Dieser Prachtfink ist Bewohner der Reis-, Schilf-, Bambus- und Hochgrasdickichte, in denen er auch brütet. In Reisfeldern kann er in großen Schwärmen zur Plage werden.

Haltung und Zucht: Als widerstandsfähige Prachtfinkenart ist sie stets im Handel erhältlich, ist leicht einzugewöhnen, leicht zu halten und sehr anspruchslos. Doch sollte sie nicht in einem kleinen Käfig gehalten werden, sondern in einer möglichst großen Voliere, für die meiste Zeit des Jahres auch in der Gartenvoliere. Da ganz friedlich, kann man sie mit anderen Vögeln zusammen unterbringen. Die Krallen können schnell zu lang wachsen. Die Zucht gelingt fast nur in einer größeren Voliere, vor allem wenn mehrere Paare dieser Art zusammen leben. Sie regen sich gegenseitig zur Brut an. Die Nester werden am liebsten zwischen senkrecht stehende Schilfhalme oder Ginstergestrüpp gebaut.

Ernährung: Wie Braunbrunst-Schilffink. Nur selten wird tierische Nahrung aufgenommen.

Weißkopfnonne
Munia (Lonchura) maja

Kennzeichen: Länge 12 cm. Ähnelt in allen Gefiederpartien der Schwarzbauchnonne. Nur der Kopf bis in den Nacken und zur Kehle ist weiß, beim Weibchen mehr grauweiß oder gelbweiß.

Stimme: Rufe gleichen denen der Schwarzbauchnonne. Der Gesang ist für uns ebenfalls nicht hörbar. Nur die „lachende" Schlussstrophe mit einem

Stimme: Ruft „pit" und piüht". Singt so hoch, dass wir die Töne nicht wahrnehmen können, sondern nur an der sich bewegenden Kehle merken, dass der Vogel singt. Nur die miauenden oder pfeifenden Schlussnoten können wir hören. Da nur das Männchen singt, dient der Gesang dem Unterscheiden der Geschlechter.

Herkunft und Lebensweise: Von Indien und Sri Lanka kommt die Dreifarbennonne, vom Norden Indiens, von Indochina, dem Süden Chinas und der südasiatischen Inselwelt die Schwarzbauchnonne und ähnliche Unterarten.

melodischen Endpfiff können wir wahrnehmen.

Herkunft und Lebensweise: Java, Bali, Sumatra und die Malaiische Halbinsel sind die Heimat der Weißkopfnonne. Sie bewohnt ähnliche Biotope wie die Schwarzbauchnonne. Auch stimmt sie mit dieser in der Lebensweise überein.

Haltung und Zucht: Wie Schwarzbauchnonne.

Ernährung: Wie Braunbrust-Schilffink.

Muskatfink
Lonchura punctulata

Kennzeichen: Länge 12 cm. Kopf, Kinn, Kehle und die Oberseite rotbraun, Federn bei manchen der 12 Unterarten mit gelblichen oder weißen Schaftstrichen. Die weißlich braunen Federn von Brust und Flanken sehen durch ihre dunkelbraunen oder schwarzen Säume wie geschuppt aus. Bei einigen Unterarten sind nicht die Säume dunkel, sondern die Federmitten, so dass sich eine Strichelzeichnung ergibt. Die Bauchmitte ist weiß. Ober- und Unterschwanzdecken sind gelblich, ebenso der Bürzel, oft dunkel quergewellt. Augen rotbraun, Füße blaugrau, Schnabel schwarz oder bleigrau. Jungvögel sind matt und einfarbig graubraun gefärbt, unterseits gelblichbraun.

Stimme: Lockruf ein sehr variables „kittlie", Kontaktlaut ein weiches „schip", Warnlaut scharf „tschip". Der Gesang wird nur vom Männchen vorgetragen und ist ein leises Flöten. Er wird durch hohes Pfeifen, Schnurren und Schnabelklappern abgewechselt.

In Bambus- und Schilfdickichten lebt die Weißkopfnonne, die zur Erntezeit gern die Reisfelder besucht. Sie ist ein absolut friedlicher Pflegling.

Herkunft und Lebensweise: Weite Teile Süd- und Südostasiens sind seine Heimat, ebenso die Inseln Malaysias, Indonesiens und der Philippinen. Ist im Osten Australiens vom Menschen eingebürgert worden. Passt sich allen Lebensräumen an und ist außer in gras- und buschreichem Gelände auch in Gärten und Ortschaften anzutreffen. Viele Paare bauen oft dicht beieinander ihre Nester in Büsche und Bäume, oft auch unter Hausdächer.

Haltung und Zucht: Leicht einzugewöhnen, verträglich und anspruchslos. Kann als kleiner Schwarm oder mit

Muskatfinken sind im Südosten Asiens überall so häufig wie bei uns die Spatzen. Sogar im Osten Australiens haben sie die dort heimischen Prachtfinken zum großen Teil verdrängt.

anderen Prachtfinken in einer Zimmervoliere gepflegt werden. Männchen und Weibchen sollten sich selbst zusammenfinden. Dann sind die Aussichten auf eine erfolgreiche Brut viel größer als bei zwangsverpaarten Vögeln. Das Nest wird am liebsten in dichtes Gebüsch gebaut, doch werden auch halb offene Nistkästen angenommen. Die Jungen werden sehr zuverlässig großgezogen und noch lange nach ihrem Nestverlassen von den Eltern gefüttert.

Ernährung: Ein Hirsegemisch sowie Glanz und allerlei Grünfutter sind für die Ruheperioden ausreichend. Zur

Aufzucht der Jungen sind Keimfutter und etwas tierische Nahrung erforderlich.

Wellenbauch-Bronzemännchen
Lonchura molucca

Kennzeichen: Länge 11 cm. Kopf und großer rundlicher Kehllatz sowie Schwanz und Oberschnabel sind schwarz. Unterschnabel silbrig grau, ebenso die Füße. Nacken, Rücken und Flügeldecken gelblich braun, Schwingen graubraun. Unterseite, Bürzel und Oberschwanzdecken weiß mit unregelmäßiger schwarzer Querwellung,

Augen dunkelbraun. Jungvögel sind einfarbig graubraun gefärbt.

Stimme: Warnt „tschliek", lockt „dät" und hat einen Kontaktruf, der sich wie „trtt" anhört. Nur das Männchen singt leise ratternd, pfeifend und glucksend. Der Gesang kann individuell sehr verschieden sein.

Herkunft und Lebensweise: Ist auf den Kleinen Sunda-Inseln, auf Celebes und den Molukken heimisch. Buschreiches Grasland, Waldränder, Plantagen und Gärten sind sein Lebensraum. Baut ein recht unordentliches Nest in dichtes Gebüsch.

Haltung und Zucht: Wenn auch früher schon vereinzelt importiert, so kam

Das Wellenbauch-Bronzemännchen ist erst seit 1980 in Europa, konnte seitdem aber schon vielfach gezüchtet werden. Es ist friedlich und im Käfig wie in der Voliere zu halten.

In recht verschiedenen Unterarten kommt das Spitzschwanz-Bronzemännchen in weiten Teilen Südasiens vor. Aus ihm wurde vor Jahrhunderten das Japanische Mövchen gezüchtet.

das Wellenbauch-Bronzemännchen erst 1980 in einer größeren Anzahl nach Europa. Es ließ sich leicht eingewöhnen und erwies sich als genügsam und friedlich. Auch die Zucht gelang ab 1981 regelmäßig, so dass heute gute Bestände an Wellenbauch-Bronzemännchen in den Volieren der Liebhaber anzutreffen sind. Sie können sowohl paarweise in einem geräumigen Käfig oder zu mehreren Paaren in einer Voliere zur Zucht gebracht werden. Auch in einer gemischten Gesellschaft mit anderen Prachtfinken ziehen sie ihre Jungen zuverlässig auf. Sie lassen sich von den anderen Vögeln nicht stören und stören diese selbst auch nicht. Die Jungen fliegen meistens schon mit 18–20 Tagen aus, kehren aber eine oder zwei Wochen lang noch ins Nest zurück, vor allem für die Nacht. Sind oft schon mit 3 Monaten ins Erwachsenenkleid umgemausert.

Ernährung: Exoten-Mischfutter und Grünes. Sind Junge zu versorgen, sind zusätzlich Keimfutter, Kolbenhirse und auch tierische Nahrung zu reichen.

Spitzschwanz-Bronzemännchen
Lonchura striata

Kennzeichen: Länge 12 cm. Oberschnabel, Gesicht und Kehle schwarz. Unterschnabel hell blaugrau. Oberseite und Brust braun, oft mit hellen Schaftstrichen oder Federsäumen. Der Bürzel ist bei manchen Unterarten weiß, bei anderen gelblich oder braun gestrichelt, ebenso der Bauch. Die Augen sind dunkelbraun, die Füße graubraun. Jungvögel sind mattbraun gefärbt und ohne jede Strichelung.

Stimme: Männchen lockt mit einem tiefen, etwas schleifenden „quoi-quoi", das Weibchen mit „terr-terr". Damit und am Gesang des Männchens können die Geschlechter unterschieden werden.

Herkunft und Lebensweise: Von Indien und Sri Lanka bis nach Südchina und Malaysia einschließlich Sumatra in verschiedenen Unterarten. Es kommt an Wald- und Feldrändern, in Gärten und Parks vor. Das Nest wird in dichtem Gebüsch gebaut, manchmal auch niedrig auf Bäumen. Nach der Brutzeit fällt das Spitzschwanz-Bronzemännchen in oft großen Schwärmen in die Reisfelder ein.

Haltung und Zucht: Wie das Japanische Mövchen, doch nicht ganz so leicht.

Ernährung: Wie Wellenbauch-Bronzemännchen.

Japanisches Mövchen
(domestiziert)

Kennzeichen: Länge 12 cm. Es gibt viele Farbspielarten des Japanischen Mövchens, auch wenn die Normalfarbe Braun ist, bei gelblich weißem Brust- und Bauchgefieder, sowie dunklem Ober- und hellem Unterschnabel. Daneben kommen aber auch dunkle, fast schwarze, ferner isabell-, fuchsfarbene und rein weiße Vögel vor. Schecken in allen Farben treten ebenfalls auf. Auch Mövchen mit Hauben, Halskrausen und lockigem Gefieder gibt es. Männchen und Weibchen sind am Gefieder nicht zu unterscheiden.

Stimme: Der Lockruf des Männchens hört sich wie „jöck" an, der des Weibchens wie „trr-trr". Der Gesang des Männchens ist ein fröhlich ratterndes Zwitschern.

Herkunft und Lebensweise: Das Japanische Mövchen stammt vom Spitzschwanz-Bronzemännchen Südasiens ab. Es ist seit Jahrhunderten in China und Japan gezüchtet worden.

Haltung und Zucht: Von allen Prachtfinken am einfachsten zu pflegen und zu züchten. Darum kann es Anfängern, auch größeren Kindern, empfohlen werden. Es begnügt sich mit einem Käfig von 70 cm Länge und scheint sich darin sogar wohler zu

Balzhaltung eines Japanischen Mövchens.

Die Pflege und Zucht Japanischer Mövchen kann sehr viel Freude machen, zumal schon eine Anzahl von Farbspielarten entstanden sind.

fühlen als in einer großen Voliere mit anderen Prachtfinken zusammen. Das Paar nistet recht leicht in einem Körbchen oder halb offenen Kasten. Es zieht die Jungen sehr zuverlässig auf. Japanische Mövchen nehmen sogar die Eier und Jungen anderer Prachtfinken an und füttern sie groß. Diese Jungen sind aber „mövchengeprägt". Sie balzen dann nur noch Mövchen an, nicht aber Artgenossen. Dadurch sind sie fehlgeprägt und taugen dann meistens nicht mehr für die Zucht. Darum sollten Japanische Mövchen nicht als Ammen benutzt werden.
Ernährung: Wie Wellenbauch-Bronzemännchen. Oft wird überhaupt keine tierische Nahrung angenommen.

Mit dem Kleinelsterchen kann man sich einen Störenfried in seine Vogelgesellschaft holen. Besser ist, diesen Prachtfink paarweise in einer Kleinvoliere zu pflegen.

Kleinelsterchen
Spermestes (Lonchura) cucullatus

Kennzeichen: Länge 9 cm. Ähnlich dem Glanzelsterchen, Rücken und Flügeldecken allerdings dunkelbraun. Oberschnabel schwarz, Unterschnabel weißlichblau. Die Flanken verwaschener quergewellt. Das schwarze Kehlgefieder ist lila glänzend, ein kleiner Fleck auf den Schultern grünlich glänzend. Jungvögel sind graubraun und haben den ganzen Schnabel schwarz.
Stimme: Ruft „tick" oder auch „tschik". Der Gesang ist ein leises, schnelles Zwitschern, der nur vom Männchen vorgetragen wird.
Herkunft und Lebensweise: Ist in fast ganz Afrika südlich der Sahara beheimatet, nur im Südwesten fehlt es. Ist sehr anpassungsfähig und bewohnt sowohl die Steppen wie lichte Wald-

Das Braunrückenelsterchen ist eine Unterart des Glanzelsterchens und kommt im Osten Afrikas vor. Es ist ein genügsamer Pflegling.

gebiete, ist an Ufern, auf Plantagen, in Gärten und Ortschaften anzutreffen. Baut das Nest niedrig in Büsche oder Bäume und sogar unter Hausdächer.

Haltung und Zucht: Wie Glanzelsterchen. Leider ist das Kleinelsterchen oft sehr angriffslustig gegenüber anderen Bewohnern einer Voliere. Darum ist paarweise Unterbringung in einer Kleinvoliere ratsam. Darin gelingt die Zucht auch recht leicht.

Ernährung: Wie Perlhalsamadine.

Glanzelsterchen
Spermestes (Lonchura) bicolor

Kennzeichen: Länge 9 cm. Oberseits glänzend schwarz, Brust, Bauch und Unterschwanzdecken weiß. An den Flanken ist eine große Schwarzweiß-Bänderung. Die Unterart Gitterflügelelsterchen hat eine feine schwarzweiße Gitterzeichnung auf den Flügeln sowie auf Bürzel und Oberschwanzdecken. Auch die Unterart Braunrückenelsterchen besitzt diese Zeichnung, hat

Balzhaltung eines Glanzelsterchens.

das Glanzelsterchen allerdings streitsüchtig zeigen, besonders gegenüber artverwandten und artgleichen Vögeln. Die Zucht ist nicht einfach und gelingt vor allem, wenn ein Paar alleine in einer Voliere gehalten wird. Im Sommer darf das Glanzelsterchen in die Gartenvoliere gelassen werden.
Ernährung: Ist nicht wählerisch und kann wie die Perlhalsamadine ernährt werden.

außerdem einen braunen Rücken und braune Flügeldecken. Bei allen Unterarten ist der Schnabel stahlblau, die Augen sind dunkelbraun und die Füße grau. Jungvögel haben dunkelgraues, unterseits mehr graubraunes Gefieder und einen schwarzen Schnabel.
Stimme: Lockruf leise pfeifend, Warnruf hart „teck" oder „tack". Der Gesang ist leises Zwitschern und wird nur vom Männchen vorgetragen.
Herkunft und Lebensweise: Das eigentliche Glanzelsterchen kommt in Westafrika vor, das Gitterflügelelsterchen ist in Zentralafrika beheimatet. Nach Ost- und Südostafrika hin kommen verschiedene Unterarten mit braunem Rücken vor. Lebt in Sümpfen, an Waldrändern, in Gebüschen an Wasserläufen und auf Pflanzungen. Außerhalb der Brutzeit in oft großen Gesellschaften.
Haltung und Zucht: Ist nicht schwer einzugewöhnen und ein genügsamer Pflegling. Es eignet sich für die paarweise Haltung im Käfig wie für die Gesellschaftsvoliere. Hier kann sich

Perlhalsamadine
Odontospiza caniceps

Kennzeichen: Länge 12 cm. Kopf, Kehle und Nacken grau, an Stirn, Wangen und Kinn mit weißen Pünktchen übersät. Oberseits braun, unterseits ebenfalls, doch heller. Unterschwanzdecken fast cremefarben, Bürzel und Oberschwanzdecken weiß. Schwingen und Schwanz sowie Füße und Augen schwarzbraun, der Schnabel stahlblau. Beim etwas helleren Weibchen sind die Schwingen bräunlicher. Jungvögeln fehlen die weißen Punkte im Gesicht. Sie sind auch matter gefärbt.
Stimme: Der Lockruf ist ein weiches „djü". Der Gesang beginnt mit einem leisen Perlen und steigert sich zu einem recht lauten Zwitschern. Nur das Männchen singt.
Herkunft und Lebensweise: Kommt im Osten Afrikas vor. Lebt dort vor allem in der Nähe von Wasserstellen und im Gebüsch der Ufer. Das Nest ist sehr umfangreich und wird in dichtes Dorngebüsch gebaut. Es erhält eine lange Einschlupfröhre.
Haltung und Zucht: Recht leicht ein-

Einer der häufigsten und beliebtesten Prachtfinken ist das Silberschnäbelchen. Es ist leicht zu züchten und allen Mitbewohnern der Voliere gegenüber friedlich.

zugewöhnen, äußerst friedlich gegenüber anderen Prachtfinken. Darum
eignet sich die Perlhalsamadine bestens für eine Gemeinschaftsvoliere.
Sie kann aber auch in einem großen

*Aus dem Osten Afrikas stammt auch die
Perlhalsamadine, die sich als völlig friedlich erwiesen hat und in einer Voliere nicht
allzu schwer zu züchten ist.*

Käfig gehalten und gezüchtet werden.
Der Nistkasten sollte groß sein, da die
Perlhalsamadine sehr viel Nistmaterial
einträgt. In passendes Gezweig baut
sie das Nest auch frei stehend.
Ernährung: Außer einem Körnerge-
misch und viel Kolbenhirse ist auch
Keimfutter nötig, vor allem für die
Aufzucht der Jungen. Allerlei Wild-
kräuter und ihre Samen werden gern

Durch den weißen Bürzel ist das Malabarfasänchen am leichtesten vom Silberschnäbelchen zu unterscheiden. Sonst bestehen kaum Unterschiede.

genommen. Wenn Junge zu versorgen sind, können auch Eifutter, Eibiskuit, Weichfutter und allerlei Insekten angeboten werden. Von Ameisenpuppen bis zu Pinkys, Getreideschimmelkäfer-Larven und frisch gehäuteten Mehlwürmern wird sicherlich etwas von der Perlhalsamadine für ihre Nestlinge gemocht. Es gibt auch Paare, die kein Lebendfutter anrühren.

Silberschnäbelchen
Euodice cantans

Kennzeichen: Länge 11 cm. Kopf, Kehle und Nacken sind rostbraun, Rücken und Flügel dunkelbraun, Bürzel, Oberschwanzdecken und Schwanz schwarz. Die Brust ist gelblich braun, Bauch und Unterschwanzdecken sind weißlich. Die Füße sind grau, die Lidringe hellblau, der Schnabel ist silbrig grau. Beide Geschlechter sind gleich gefärbt.

Stimme: Die verschiedenen Rufe sind „tsik" und „tschigg", der Gesang ein leises Perlen, Schnurren und Trillern. Er wird nur vom Männchen vorgetragen.

Herkunft und Lebensweise: Von Senegal bis Arabien quer durch Afrika, im Osten auch in Somalia und Kenia. Lebt in Savannen und auf Kulturland mit vereinzelten Büschen und Bäumen, gern auch in Ufervegetation und an Wegen. Oft werden Webervogelnester bezogen.

Haltung und Zucht: Ist einer der liebenswertesten Prachtfinken, wenn auch nicht gerade farbenprächtig. Da leicht einzugewöhnen, friedlich und genügsam, kann er jedem empfohlen werden. Als Paar kann das Silberschnäbelchen einen größeren Käfig bewohnen, in dem es auch ohne weiteres brütet. In einer Voliere kann es mit anderen Vögeln etwa gleicher Größe zusammen gehalten werden, auch für die Brut. Sogar mehrere Paare Silberschnäbelchen vertragen sich in einer großen Voliere gut. Sie brüten, ohne sich gegenseitig zu stören.

Ernährung: Wie Perlhalsamadine.

Malabarfasänchen
Euodice malabarica

Kennzeichen: Länge 11 cm. Dem Silberschnäbelchen sehr ähnlich, nur grauer braun, auch auf der Unterseite bräunlicher. Als bestes Unterscheidungsmerkmal dienen der weiße Bürzel und die weißen Oberschwanzdecken, die beim Silberschnäbelchen schwarz sind.

Stimme: Wie beim Silberschnäbelchen, doch schnurrender.

Herkunft und Lebensweise: Seine Heimat sind Pakistan, Indien und Sri Lanka. Bewohnt ähnliche Biotope wie das Silberschnäbelchen.

Haltung und Zucht: Wie Silberschnäbelchen.

Ernährung: Wie Perlhalsamadine.

Vereine und Verbände

Als Prachtfinkenliebhaber werden Sie vielleicht den Wunsch haben, mit anderen Freunden dieser bunten Vögel Meinungsaustausch zu haben, vielleicht Rat suchen oder Vorträge über Prachtfinken hören und Ausstellungen besuchen wollen. Dann suchen Sie vielleicht nach einem Vogelliebhaberverein in Ihrer Stadt oder in der Umgebung Ihres Wohnortes. Oft bleiben solche Bemühungen ergebnislos, da die Vereine nicht im Telefonbuch stehen und meistens nicht sehr bekannt sind. Am ehesten erfahren Sie noch die Adressen von Züchtern oder Lokalen, in denen sich die Züchter treffen, durch den Zoofachhändler oder auf dem Gemeindebüro. Noch besser ist es, an die Geschäftsstellen der großen Züchterverbände zu schreiben. Hier ihre Anschriften:

Vereinigung für Artenschutz, Vogelhaltung und Vogelzucht (AZ) e. V.

Geschäftsstelle: Helmut Uebele, Postfach 11 68, 71501 Backnang. Tel. (07191) 8 24 39, Mo. 8–12 und 13–20 Uhr, Di.–Fr. 8–12 Uhr, Fax (07191) 8 59 57.

Die AZ hat etwa 25 000 Mitglieder und fast 400 Ortsgruppen in vielen Städten des gesamten Bundesgebietes. Im Herbst veranstalten die meisten Ortsgruppen ihre Vogelschauen. Außerdem werden dann die Landesschauen und, Anfang Dezember, die AZ-Bundesschau durchgeführt.

Deutscher Kanarien- und Vogelzüchter-Bund (DKB) e. V.

DKB-Geschäftsstelle: Dieter Wirges, Oberdorf 19, 64572 Büttelborn, Tel. (0 61 52) 92 78 51, E-Mail dieter. wirges@dkb-online.de. Im DKB sind viele Vogelliebhabervereine, vor allem Kanarienzuchtvereine, mit ihren rund 15 000 Mitgliedern organisiert. Diese veranstalten überall lokale und regionale Vogelschauen. Im Januar wird die Deutsche Meisterschaft des DKB durchgeführt. Auf allen Schauen sind auch Prachtfinken in vielen Arten ausgestellt.

Vereinigung Ziergeflügel- und Exotenzüchter (VZE) e. V.

Geschäftsstelle der VZE e.V.: Bornaische Straße 210, 04279 Leipzig, Tel. (03 41) 3 33 22 42, Fax (03 41) 3 33 22 37. Der VZE gehören mehr als 200 Vogelliebhabervereine und an die 2000 Einzelmitglieder an. Die angeschlossenen Vereine veranstalten lokale und regionale Vogelschauen und als Höhepunkt findet jeden Herbst die VZE-Bundesausstellung statt.

Fachzeitschriften

AZ-Nachrichten (AZN) ist das monatlich erscheinende Organ der Vereinigung für Artenschutz, Vogelhaltung und Vogelzucht (AZ) e.V. Es wird allen AZ-Mitgliedern kostenlos zugesandt. In jedem Heft befinden sich interessante Fachbeiträge zur Vogelhaltung, auch mindestens einer, der Prachtfinken zum Thema hat. Außerdem sind darin Verkaufsanzeigen.

Vogelfreund heißt eine Zeitschrift, die über Haltung und Zucht des Kanarienvogels und aller anderen exotischen und heimischen Vögel und den Vogelschutz berichtet. Diese Zeitschrift ist das Fachorgan des Deutschen Kanarien- und Vogelzüchter-Bundes e. V., kann aber auch beim Hanke-Verlag GmbH, Amrichshäuser Str. 28/1, 74653 Künzelsau, Tel. (0 79 40) 54 44 54, Fax (0 79 40) 54 44 40, abonniert werden. Sie erscheint monatlich.

Gefiederte Welt, erscheint monatlich im Verlag Eugen Ulmer, Wollgrasweg 41, 70599 Stuttgart, Tel. (07 11) 4 50 70, Fax (07 11) 4 50 71 20. Diese Fachzeitschrift mit über 120-jähriger Tradition enthält stets interessante Beiträge und Fotos aus allen Bereichen der Ornithologie, der Vogelpflege, Haltung und Zucht sowie Hinweise auf Vögel, die von Züchtern abgegeben werden.

Geflügel-Börse, Verlag Jürgens KG, Industriestraße 5, Postfach 4, 82110 Germering, Tel. (0 89) 20 95 91 81, Fax (0 89) 20 02 81 15. Erscheint zweimal monatlich und enthält stets Beiträge über Ziervögel und An- wie Verkaufsanzeigen für Prachtfinken.

Ziergeflügel und Exoten ist die Monatszeitschrift, die den Mitgliedern der Vereinigung Ziergeflügel- und Exotenzüchter (VZE) e. V. kostenlos zugestellt wird. Sie bringt Beiträge aus allen Bereichen der Vogelhaltung und -zucht sowie Verkaufsangebote unter der Rubrik „Vogelmarkt".

Literaturverzeichnis

Aschenborn, C.: Die Prachtfinken. Albrecht Philler Verlag, Minden 1985.

Bielfeld, H.: Das Prachtfinkenbuch. Verlag Eugen Ulmer, Stuttgart 1973, 1996.

– Atlas Prachtfinken. Horst Müller Verlag Walsrode, Bomlitz 1982.

– Zebrafinken. Franckh'sche Verlagshandlung W. Keller & Co., Stuttgart.

– Gouldamadinen. Verlag Eugen Ulmer, Stuttgart 1985, 1997.

– Vogelfutter aus der Natur. Verlag Eugen Ulmer, Stuttgart 1993.

Campbell, B.: Das große Vogelbuch. Verlag Eugen Ulmer, Stuttgart 1976.

Dathe, H.: Handbuch des Vogelliebhabers, Band 2. Aula-Verlag, Wiesbaden 1986.

Enehjelm, C. af.: Australian Finches. TFH. Publications, Inc. Ltd., Neptune, N. J. 1979.

Fischer, W : Die Australischen Prachtfinken. Albrecht Philler Verlag, Minden 1987.

Friederich, U./Volland, W.: Futtertierzucht. Verlag Eugen Ulmer, Stuttgart 1981.

Goodwin, D.: Estrildid finches of the world. Oxford University Press, Oxford 1982.

Immelmann, K.: Die Vogelwelt Australiens. Verlag Eugen Ulmer, Stuttgart 1983.

– Immelmann, K., Nicolai, J., Steinbacher, J., Wolters, H. E.: Vögel in Käfig und Voliere, Die Prachtfinken, Band 1 und 2. Verlag Hans Limberg, Aachen 1960 und 1977.

Jödicke, R.: Prachtfinken-Züchtung. Verlag Eugen Ulmer, Stuttgart 1978.

Kloeren, H.: Zebrafinken. Horst Müller Verlag Walsrode, Bomlitz 1983.

Knoblauch, D.: Die Gouldamadine. Ornibook-Verlag, Köln 1982.

Koepff, C.: Das neue Prachtfinken-Buch. Gräfe und Unzer, München 1983.

Kronberger, H.: Haltung von Vögeln Krankheiten der Vögel. VEB Gustav Fischer Verlag, Jena 1973.

Martin, H. J.: Zebrafinken. Gräfe und Unzer, München 1985.

Nicolai, J.: Elternbeziehung und Partnerwahl im Leben der Vögel. R.-Piper & Co. Verlag, München 1970.

Nicolai, J., Steinbacher, J.: Prachtfinken, Australien, Ozeanien, Südostasien. Verlag Eugen Ulmer, Stuttgart 2001.

Nicolai, J., Steinbacher, J. (Hrsg.), van der Elzen, R., Hofmann, G. und Mettke-Hofmann, C.: Prachtfinken Afrika. Verlag Eugen Ulmer, Stuttgart 2007.

Radtke, G. A.: Domestizierte Prachtfinken. Albrecht Philler Verlag, Minden 1985.

Raethel, H.-S.: Krankheiten der Vögel. Franckh/Kosmos, Stuttgart 1966.

Robiller, E: Prachtfinken. VEB Deutscher Landwirtschaftsverlag, Berlin 1978.

– Käfige und Volieren in Haus und Garten. VEB Deutscher Landwirtschaftsverlag, Berlin 1983.

Rogers, C.: Das Buch der Stubenvögel. Verlag Eugen Ulmer, Stuttgart 1976.

Schleussner, G: Prachtfinken. Verlag Eugen Ulmer, Stuttgart 2002.

Schnabl, H.: Vogelfutterpflanzen. Arndt-Verlag, Bretten 1998.

Wolters, H. E.: Die Vogelarten der Erde. Verlag Paul Parey, Hamburg und Berlin 1975, 1981.

Ziswiler, V., Güttinger, H.R., Bregulla, H.: Monografie der Gattung Erythrura. Bonner Zoologische Monographien, No. 2, 1972.

Register

Fotos: Horst Bielfeld
Zeichungen: Karin Aichele
Titelfoto: Gerhard Hofmann &
Claudia Mettke-Hofmann

Die in diesem Buch enthaltenen Empfeh-
lungen und Angaben sind vom Autor mit
größter Sorgfalt zusammengestellt und ge-
prüft worden. Eine Garantie für die Richtigkeit
der Angaben kann aber nicht gegeben werden. Autor und Verlag übernehmen keinerlei
Haftung für Schäden und Unfälle.

**Bibliografische Information
der Deutschen Bibliothek**

Die Deutsche Nationalbibliothek verzeichnet diese Publikation in der Deutschen National-
bibliografie; detaillierte bibliografische Daten
sind im Internet über
http://dnb.d-nb.de abrufbar.

© 1988, 2008 Eugen Ulmer KG
Wollgrasweg 41, 70599 Stuttgart (Hohenheim)
E-Mail: info@ulmer.de
Internet: www.ulmer.de
Lektorat: Ulrich Commerell, Dr. Eva-Maria Götz
Herstellung: Gabriele Wieczorek, Tim Oliver Pohl
Umschlagentwurf: red.sign, Susanne Junker,
Stuttgart
Satz: Typomedia GmbH, Ostfildern
Druck und Bindung: Firmengruppe APPL,
aprinta druck, Wemding
Printed in Germany

ISBN 978-3-8001-5745-7

Quelle:Pixelio

Lebhaft und farbenfroh

Das Prachtfinken-Buch.

Sämtliche Arten, ihre
Haltung, Pflege und Zucht.
Horst Bielfeld. 5.,
überarbeitete Aufl. 1996.
368 S., 167 Farbf., 5 sw-Fotos,
30 Farbaquar., 23 farb.
Verbreit.-Karten,
88 sw-Verbreit.-Karten,
92 Rachenzeichn., geb. mit SU.
ISBN 978-3-8001-7327-3.

Prachtfinken.

Das Buch vermittelt alles
über Haltung und Pflege,
und es hilft, ihre interes-
santen Verhaltensweisen
richtig zu interpretieren.
Günther Schleussner. 2002.
93 S., 55 Farbf., 24 Zeichn.,
geb.
ISBN 978-3-8001-3567-7.

Ganz nah dran.

Alles über artgerechte Haltung

Vogelheime, Volieren und Teiche.
Franz Robiller. 2007. 220 S.,
63 Farbf., 136 Zeichn.,
23 Tab., geb.
ISBN 978-3-8001-4930-8.

Vögel richtig füttern.
Wolfgang Aeckerlein,
Dietmar Steinmetz. 2003.
96 S., 49 Farbf., 21 Zeichn.,
geb.
ISBN 978-3-8001-3545-5.

 **Ganz nah dran.**